LOMBARD ODIER

LOMBARD ODIER DARIER HENTSCH

W0238531

Madame, Monsieur,

Les forêts recouvrent un tiers des surfaces émergées de la planète et abritent plus de la moitié des espèces terrestres. Elles constituent le poumon indispensable à toute vie terrestre et leurs bienfaits écologiques, économiques et sociaux sont essentiels.

Dans les prochaines décennies, il deviendra toujours plus capital de prendre en considération l'importance d'un développement durable et son impact sur notre avenir, y compris économique. Au fil de son histoire, notre Maison s'est toujours inscrite dans cette perspective. A ce titre, elle figura parmi les pionniers de la prise en compte des critères de responsabilité sociale et environnementale dans sa recherche financière. Lombard Odier poursuit cet engagement au quotidien, et prend ses responsabilités afin de transmettre un monde meilleur aux générations suivantes.

Après avoir organisé les expositions *La Terre vue du Ciel* (2005) et *Vivants* (2007), notre Maison est fière de s'associer à nouveau avec Yann Arthus-Bertrand et la fondation GoodPlanet qu'il préside, dans le cadre de l'exposition "Des Forêts et des Hommes" qui est présentée à Genève du 14 mai au 8 juin 2011 en première mondiale.

Dans ce contexte, le Collège des Associés est heureux de vous offrir un exemplaire de l'ouvrage qui l'accompagne. Il vous invite à visiter l'exposition et à partager ce livre avec votre famille et vos proches. Vous contribuerez ainsi à sensibiliser le plus grand nombre à l'indispensable préservation des forêts.

Le Collège des Associés

DES FORÊTS ET DES HOMMES

Rédaction en chef
Olivier Blond

Rédaction
Éric Boisteaux, Cécile Cros, Benjamin Grimont,
Julien Leprovost, Olivier Milhomme, Audrey Mouge

Traduction
Agnès El Kaim

Adaptation des textes
Laurence Alvado et Marie-Thérèse Ménager

Conception graphique
Artworklove

Iconographie
Ghislaine Bras et Françoise Jacquot

Adaptation des cartes et graphiques
Laurent Blondel - Coredoc

Connectez-vous sur www.editionsdelamartiniere.fr

DES FORÊTS ET DES HOMMES

FONDATION GoodPlanet
YANN ARTHUS-BERTRAND

Éditions
de La Martinière

AVANT-PROPOS

VOIR LA FORÊT DERRIÈRE LES ARBRES

PAR YANN ARTHUS-BERTRAND

Quel milieu terrestre concentre le plus grand nombre de formes de vie, rejette dans l'air que nous respirons d'incroyables quantités d'oxygène, joue un rôle essentiel dans le cycle de l'eau et dans celui du carbone, enrichit et protège les sols, pèse sur l'évolution du climat, assure directement la subsistance de centaines de millions de personnes, est la source d'une grande part de nos médicaments ?

La réponse ne nous semble pas évidente, car rares sont ceux capables de voir la forêt derrière les arbres. Nombre d'entre nous n'envisagent la forêt que comme une source de matériaux et d'énergie, de nourriture et de surfaces à défricher et à cultiver. Sa disparition ne nous émeut guère. Nous devons pourtant ouvrir les yeux sur ce monde forestier, considérer le tout et non les parties. Il en va de notre survie individuelle et collective. Nous devons faire l'expérience de la forêt et l'aimer.

Ma maison est à l'orée d'une grande forêt. Chaque matin, je m'y promène. En petites foulées ou au pas du promeneur. C'est un monde de sensations qui s'offre à chacun de mes sens, où tout ce qui rappelle l'humain sembler s'effacer. Je sais pourtant que les forêts autour de Paris sont profondément marquées par la main de l'homme, mais leur tranquillité et leur beauté, leur fraîcheur et leur générosité expriment pour moi autre chose. Cette autre chose participe à mon équilibre physique et à ma santé mentale. Je crois que je ne suis pas le seul dans ce cas.

Nous venons de la forêt. C'est au milieu des arbres que l'évolution nous a dotés d'une vision binoculaire et de mains au pouce opposable. Peut-être est-ce pour cette raison que je ressens le besoin d'y retourner de temps en temps. Pour me rappeler mon humanité.

Partout, la forêt est surexploitée. La moitié des forêts du monde ont disparu, remplacées par des villes et des villages, des cultures et des pâturages ou des friches. Il ne reste qu'un dixième des forêts primaires, les plus précieuses car épargnées par la main de l'homme. On a longtemps déboisé dans les pays développés et on déboise aujourd'hui à toutes les latitudes où poussent des forêts. L'Europe est le continent qui, en proportion, a perdu le plus de forêts – les forêts anciennes y sont même l'exception. Désormais, l'Afrique et l'Amérique du Sud sont les continents qui connaissent le rythme le plus rapide de déforestation.

Les images de la déforestation sont partout les mêmes, tristement les mêmes. Il ne servirait à rien de les montrer toutes. Avec ce livre, la fondation GoodPlanet et le Programme des Nations unies pour l'environnement, dont je suis un ambassadeur de bonne volonté, veulent aller au-delà du constat en ouvrant des pistes. Chacun des chapitres de ce livre s'ouvre donc sur une introduction écrite par l'un de mes confrères ambassadeurs de bonne volonté ou une personnalité associée au PNUE. Chacune ou chacun présente une action qui lui est chère et qui, peut-être, vous incitera à suivre une voie similaire. Car, heureusement, il n'y a ni fatalité ni problèmes insolubles. Il y a simplement trop d'aveuglement et d'idées reçues à leur propos.

La destruction de forêts se poursuivra tant que nous n'aurons pas compris que des arbres vivants ont plus de valeur que des arbres abattus, que les animaux sont indispensables à l'équilibre des forêts, que l'échelle de temps des forêts est faite de siècles et de millénaires, et non d'années ou de dizaines d'années. Le devenir de notre planète et de l'humanité dépend des forêts. Et la préservation des forêts dépend de nous.

PRÉFACE

PAR ACHIM STEINER
Secrétaire général adjoint des Nations unies
et directeur exécutif du Programme des Nations unies
pour l'environnement (PNUE)

À travers la photographie et le cinéma, Yann Arthus-Bertrand a su jeter un éclairage saisissant sur la beauté de notre terre et sa fragilité à l'égard de nos actions non durables. Dans ce dernier ouvrage qui rassemble certaines des plus belles prises de vue de photographes du monde entier, la splendeur et l'importance de forêts saines et pleines de vie pour le bien-être futur de l'humanité sont exprimées avec force.

Ce livre publié en 2011, Année internationale des forêts, s'attache aux rôles spirituel et économique si importants que jouent les forêts du monde, depuis la forêt amazonienne jusqu'aux forêts boréales du Grand Nord, dans la vie de centaines de millions de personnes.

En cela, il vient en complément du travail toujours plus conséquent accompli par des organismes tels que le PNUE qui portent à la connaissance de tous la place centrale et longtemps méconnue occupée par le monde naturel, et démontrent que les forêts sont au cœur de tout processus de développement durable. S'impose ainsi à nous l'importance d'une interaction positive, profitable et durable de l'homme avec le monde naturel, interaction qui n'est en rien un luxe mais une nécessité absolue.

En alimentant en eau les fleuves du monde entier et en participant à la lutte contre le changement climatique, les forêts jouent un rôle essentiel dans les mécanismes régulateurs de la biosphère. Il est donc grand temps de reconnaître leur contribution à la bonne santé de l'humanité et de la planète. En nous battant pour les forêts, c'est pour l'avenir de l'espèce humaine que nous œuvrons.

SOMMAIRE

4 _ SERVICES

5 _ MENACES

6 _ PROTECTION

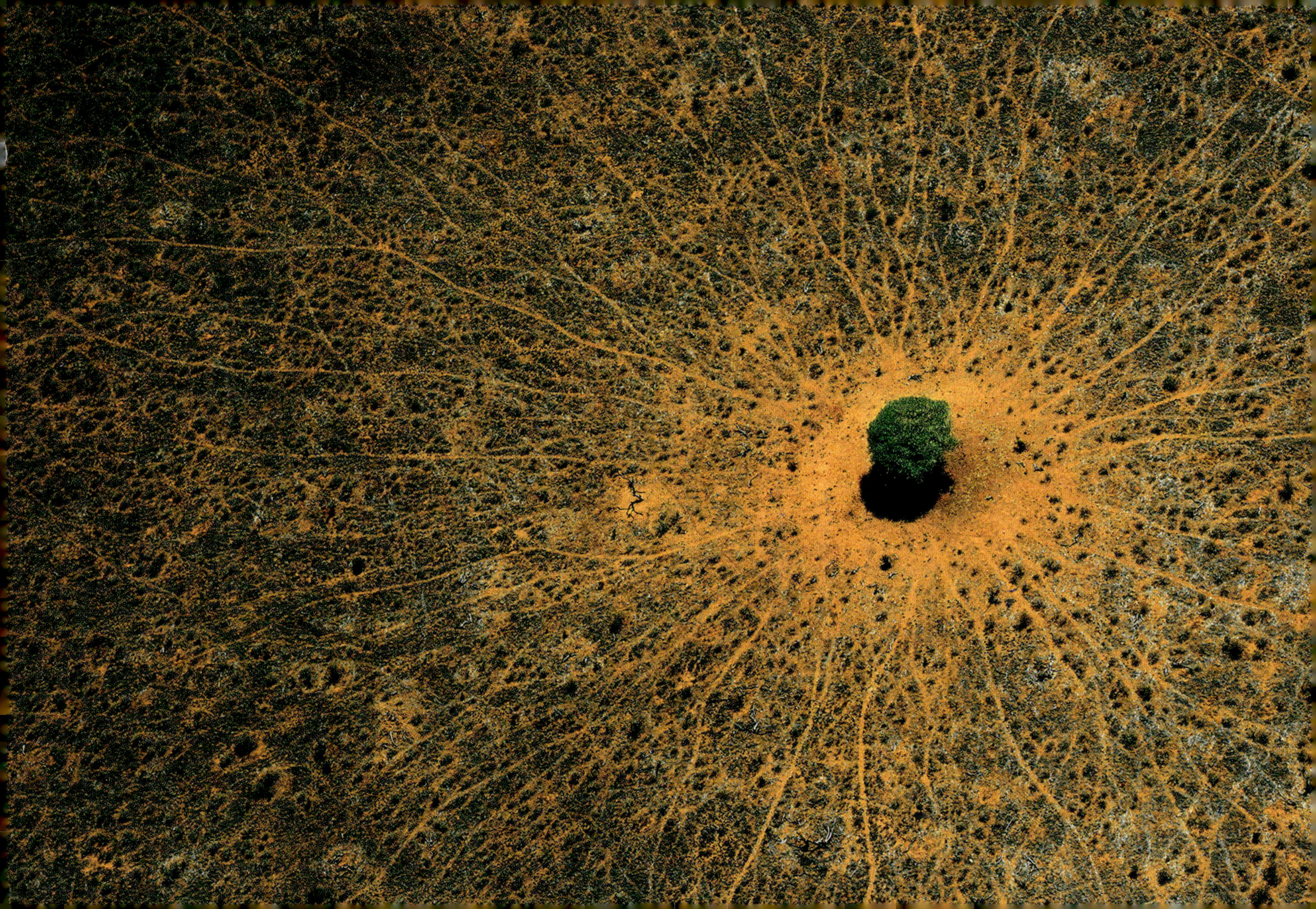

1
DÉCOUVERTE

« Ce n'est pas tant par sa beauté que
la forêt s'impose au cœur des hommes,
mais par ce petit je-ne-sais-quoi,
ce souffle si pur qui émane des vieux
arbres et qui sait si merveilleusement
redonner l'élan qui fait défaut
aux esprits las. »

ROBERT LOUIS STEVENSON
Écrivain britannique

LES FORÊTS CHINOISES, GARANTES D'UNE PROSPÉRITÉ DURABLE

[Pages précédentes]
L'arbre de vie, parc national de Tsavo Est, Kenya. Cet acacia est le point de convergence des pistes d'animaux sauvages venus profiter de ses feuilles ou de son ombre.

Chaque fois que je suis amenée à voyager sur les rives du fleuve Yangzi Jiang, je me souviens de cet été 1998 et des trois mois durant lesquels le fleuve, en crue, a balayé 13 millions de maisons et provoqué 26 milliards de dollars de dégâts.

Ces inondations nous ont montré à quel point la nature peut être destructrice en l'absence de forêts. Et pourtant, depuis des dizaines d'années, nous sommes engagés dans un développement économique qui se fait à coup d'exploitation non durable de notre environnement et de ce qu'il recèle de plus précieux : les forêts.

Mais le gouvernement chinois est conscient du préjudice qu'elles subissent et s'efforce de trouver une solution. Après les inondations de 1998, il a lancé le Projet de protection des forêts naturelles (State Natural Forest Protection Project, SNFPP), une campagne d'ampleur nationale destinée à porter un coup d'arrêt à la déforestation et à la surexploitation forestière afin de rétablir la bonne santé de nos forêts.

En 2000, ces mesures concernaient les forêts naturelles situées en amont de tous les grands fleuves chinois, y compris le Yangzi Jiang. Dix ans après son lancement, le SNFPP avait rétabli les fonctions nourricières de nos forêts et, aujourd'hui, plus de la moitié de celles-ci sont protégées.

Nous avons, certes, payé le prix fort, mais nous avons appris que les forêts nous apportent un soutien dans notre mode de vie moderne. Sans elles, la nature peut être dévastatrice. Avec elles, la nature nous protège et rend nos écosystèmes plus riches.

LI BINGBING
Ambassadrice de bonne volonté du PNUE

Li Bingbing, l'une des actrices chinoises les plus populaires, est connue pour ses performances à la ville comme à l'écran. Elle s'implique depuis toujours dans des actions caritatives où elle peut « traduire ses convictions en actes ». Son engagement personnel pour l'environnement est manifeste à travers son mouvement L.O.V.E. Green, au sein duquel elle encourage ses fans chinois à adopter un style de vie respectueux de l'environnement et sobre en CO_2.

Les forêts nous rendent un nombre incroyable de services dans notre vie de tous les jours. J'ai pu constater de mes propres yeux la beauté et la force d'une forêt en pleine santé, qui nous fournit l'eau que nous buvons et nous protège pendant la saison des pluies contre les glissements de terrain et les inondations.

Lorsqu'une forêt est saine, la vie sauvage renaît en elle. Il y a 10 ans, il fallait avoir de la chance pour apercevoir un animal sauvage dans la forêt des Trois Gorges située dans la province centrale du Hubei.

Aujourd'hui, les villageois sont fiers de parler aux visiteurs des singes et autres oiseaux qu'ils ont pu y voir. Même si ce qui s'est passé en 1998 ne pourra jamais être effacé, je sais que, tous ensemble, nous pouvons faire en sorte que cela ne se reproduise plus en protégeant nos forêts.

J'ai été si émerveillée par les services écosystémiques que nous rendent les forêts que j'ai décidé, l'année dernière, de lancer mon propre mouvement en Chine intitulé L.O.V.E. Green et, à travers lui, je souhaite agir en faveur de l'urbanisme vert, de l'économie verte et, plus généralement, d'une vie verte.

En tant qu'ambassadrice de bonne volonté du Programme des Nations unies pour l'environnement, j'espère que chacun d'entre nous va prendre ses responsabilités, aimer nos magnifiques forêts et les protéger.

Nous devons tous prendre conscience du fait que tous ces services dont nous avons bénéficié sans compter sont limités. Les forêts ont besoin de notre protection et de nos soins si nous voulons qu'elles puissent profiter aux générations futures.

QU'EST-CE QU'UNE FORÊT ?

__ Les forêts couvrent le tiers des terres émergées, mais restent méconnues.

Rennes, Oulu, Finlande.
Dans les pays scandinaves, les rennes sont laissés en liberté dans les forêts et ne sont rassemblés qu'en de rares occasions.

Nous avons tous déjà vu des forêts, frissonné en entendant le vent souffler dans les arbres. Nous les avons rêvées, elles nous ont parfois effrayés. Elles couvrent presque 4 milliards d'hectares, soit un tiers des terres émergées. Et, bien qu'elles nous semblent familières, elles restent mystérieuses. Même leur définition est difficile.

Car qu'est-ce qu'une forêt exactement ? Quand est-ce que plusieurs arbres ou un simple bosquet forment une forêt ? Qu'est-ce qu'un arbre même et quelle différence y a-t-il entre un jujubier (un arbuste), un bambou géant (une herbe de 8 m de haut) et un chêne ? Comme souvent, ce sont les questions simples auxquelles il est le plus difficile de répondre. Et même les spécialistes ne sont pas tous d'accord.

Il a bien fallu pourtant se mettre d'accord sur une définition de référence : celle de la FAO, l'agence des Nations unies pour l'alimentation et l'agriculture, qui considère comme des forêts les terres occupant une superficie de plus de 0,5 hectare composées d'arbres mesurant au moins 5 m de haut à l'âge adulte et dont le feuillage couvre au moins 10 % de la surface du sol.

Toutefois, cette définition écarte l'immense toundra qui s'étend autour du cercle polaire et qui abrite des saules, des bouleaux et des conifères nains dont la croissance est limitée par les conditions climatiques extrêmes.

De même, cette définition met sur un même plan les forêts en bonne santé et les forêts dégradées, les forêts primaires très riches et les forêts artificielles. Elle inclut également les plantations de palmiers à huile ou d'eucalyptus, alors que beaucoup ne les considèrent que comme des cultures sylvicoles.

Et ce ne sont là que quelques exemples : en fonction des définitions, la surface forestière de notre planète peut varier du simple au triple : de 2,3 à 6 milliards d'hectares. En somme, la diversité des situations n'a d'égal que celle des forêts elles-mêmes. Une diversité que nous vous invitons à découvrir dans ce livre.

LE TEMPS DES ARBRES

— Les arbres voient passer les générations humaines et sont le symbole du développement durable.

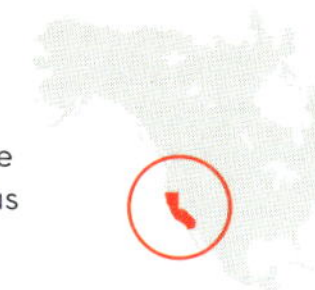

Pin bristlecone *(Pinus longaeva)*, forêt nationale d'Inyo, Californie, États-Unis. Avec leur tronc tordu caractéristique, les pins bristlecone font partie des êtres vivants les plus vieux du monde.

Le titre d'arbre le plus vieux du monde est très contesté. On a longtemps pensé qu'il s'agissait d'un pin californien de presque 5 000 ans, baptisé pour cette raison Mathusalem. Il avait déjà trois siècles quand fut édifiée la pyramide de Khéops ! Mais on a trouvé récemment en Suède un épicéa commun qui aurait 9 550 ans : il serait né à la fin de la préhistoire, à une époque où l'humanité commençait seulement à se sédentariser avec la révolution néolithique.

Ce n'est là qu'une partie du palmarès, car les arbres peuvent se multiplier par bourgeonnement : on parle de « multiplication clonale » – tout un ensemble de troncs possèdent le même code génétique, et donc correspondent au même individu. Ces clones peuvent atteindre des âges inouïs : un houx royal de Tasmanie serait âgé de 43 000 ans. Il proviendrait d'une graine ayant germé alors que coexistaient encore Neandertal et l'homme moderne ! En Utah, on a même identifié une colonie de peupliers faux-trembles, appelée Pando, qui couvre 43 hectares et contient 45 000 arbres, et qui aurait plus de 80 000 ans. Ce serait non seulement l'être vivant le plus ancien, mais aussi l'organisme le plus lourd puisqu'il dépasse 6 000 tonnes – presque autant que la tour Eiffel.

Même les arbres ordinaires ont souvent une longévité très supérieure à la nôtre : un platane peut vivre 500 ans et un châtaignier 1 000, soit respectivement 20 et 40 générations humaines. Contempler une forêt invite donc à une autre perception du temps. Car, pour les êtres majestueux qui l'habitent, les générations humaines se succèdent comme le font, pour nous, ces insectes qui disparaissent après avoir vécu quelques semaines.

Ce rapport au temps explique pourquoi planter un arbre est toujours un acte éminemment symbolique. C'est également l'une des raisons qui font de l'arbre l'icône du développement durable, ce « développement qui répond aux besoins des générations du présent sans compromettre la capacité des générations futures à répondre aux leurs ».

QU'EST-CE QU'UN ARBRE ?

— Les particularités du bananier, des lianes géantes ou des chênes nains, mais aussi les mutations génétiques ou les clones compliquent la définition d'une notion qui semblait simple.

Arbres *(Dryobalanops lanceolata)* d'une forêt tropicale secondaire, Malaisie. Certains arbres sont timides : leurs branches se rapprochent, mais jamais ne se touchent.

On reconnaît couramment un arbre à partir de sa silhouette : un tronc composé de bois (ou lignine) d'où partent des branches qui, elles-mêmes, se divisent en rameaux dont les multiples extrémités portent des feuilles, des fleurs ou des fruits. Mais c'est loin d'être aussi simple. La FAO, l'agence des Nations unies pour l'agriculture et l'alimentation, appelle « arbre » un végétal ayant une certaine pérennité et une hauteur minimale de 5 m. En dessous de cette taille, on parle d'« arbuste », d'« arbrisseau » ou de « buisson ».

Mais, selon les conditions climatiques ou le sol, une même espèce d'arbre, un chêne par exemple, peut atteindre une hauteur de 30 m ou demeurer de petite taille, même après un siècle. On parlera alors d'un « arbre nain » et non d'un arbuste. Car les glands de celui-ci, dans d'autres conditions, produiraient un arbre de grande taille.

Autres exceptions à cette définition imprécise : un bananier qui dépasse souvent 5 m de haut est considéré comme un arbre, même si ses tissus ne sont pas lignifiés (c'est une herbe géante), alors que de nombreuses lianes qui font plus de 5 m de haut et possèdent un tronc en bois n'en font pas partie, car elles ne sont pas autoportantes.

Enfin, l'idée d'unicité que véhicule l'image d'un tronc est parfois trompeuse : les branches d'un arbre peuvent abriter plusieurs patrimoines génétiques, car il arrive qu'à l'extrémité d'une branche des mutations apparaissent. Un arbre peut ainsi représenter plus une population qu'un seul individu. Inversement, plusieurs arbres peuvent ne former qu'un seul et même individu, des clones unis en profondeur par leurs racines et issus d'une même graine.

Cette question de l'individualité de l'arbre peut être rapprochée d'un phénomène encore largement inexpliqué et appelé « timidité des arbres » : les branches de certains arbres se rapprochent, mais ne s'entremêlent pas, laissant un espace vide, un peu comme une frontière entre eux.

LES BRUITS DE LA FORÊT

— Écouter la forêt, c'est l'entendre vivre.

Bruant jaune femelle, Vosges, France. Bien avant le retour des hirondelles, le chant du bruant jaune est un signe annonciateur du printemps.

Le gazouillis des oiseaux au point du jour, le bruissement des feuillages agités par le vent, le bourdonnement des insectes, un craquement de branches, un cri… Les forêts offrent aux oreilles attentives des concertos dont la musicalité varie en fonction du type de forêt, de l'heure, des saisons et des espèces qu'elles abritent. La forêt n'est que rarement silencieuse : elle présente plutôt un niveau sonore de l'ordre de 30 à 40 décibels – presque autant qu'un lave-vaisselle !

Ce fond sonore commun à la plupart des forêts n'a rien d'une offrande musicale : c'est un ensemble de signaux affinés par des millions d'années d'évolution. Ils correspondent tantôt à une manière de défendre un territoire, tantôt au moyen d'attirer des partenaires sexuels : le gazouillis du mâle renseigne la femelle sur ses aptitudes physiques et intimide les autres prétendants.

Dans l'univers forestier, où la vue est rapidement bloquée par la végétation, l'oreille voit plus loin que les yeux. Le son est donc le moyen favori de communication des animaux sur des distances qui dépassent quelques centaines de mètres, même si l'épaisseur du feuillage filtre certains sons. Les fréquences sonores varient, l'intensité aussi. Mais les singes hurleurs américains, probablement les animaux terrestres au cri le plus puissant, peuvent se faire entendre à près de 5 km. Leur cri servirait à délimiter les territoires entre bandes rivales.

Les nombreuses sonorités de cette biodiversité sont rythmées par les différentes heures de la journée, avec le soleil comme unique chef d'orchestre : à l'aube, la nature en effervescence s'éveille. Dans l'obscurité, elle se tait. Un silence, pesant ou reposant, troublé par d'autres bruits, par d'autres habitants : le chuintement d'un moustique, le hululement d'un hibou. À la période des amours, souvent au printemps, les oiseaux piaillent, les cerfs brament.

C'est ainsi qu'écouter la forêt, c'est l'entendre vivre.

SENTIR LA FORÊT

— Les plantes et les sols émettent des milliers de molécules odorantes qui se mélangent pour le ravissement des promeneurs.

Champignons conocybes (*Conocybe* sp.) et feuilles mortes, Ille-et-Vilaine, France. Certains conocybes sont des champignons hallucinogènes ; tous aident à la décomposition des feuilles mortes et à la formation de l'humus.

Porter un parfum, c'est dire quelque chose de soi-même. Pour les forêts aussi. Car les arbres comme les plantes émettent de nombreuses odeurs qui sont autant de molécules biologiques inventées par le vivant et qui reflètent sa diversité.

Ces composés émis par les arbres donnent leur odeur spécifique à l'eucalyptus, au camphre, au pin, à la menthe… Certains dissuadent le broutage des cerfs, d'autres attirent des guêpes utiles, d'autres encore aident l'arbre à cicatriser. Certains sont présents dans la résine des troncs, d'autres sont émis comme gaz par les feuilles. La plupart font partie de la famille des terpènes. On en compte plus de 25 000 différents et ils sont produits en quantités imposantes, des millions de tonnes par an à l'échelle de la planète pour certains.

L'autre source principale des odeurs de la forêt vient du sol. La terre s'enfonce un peu sous les pas du promeneur, les branches mortes et les racines craquent lorsque le pied se pose dessus. Les sols non artificialisés rajoutent aux effluves des végétaux l'odeur si particulière des sous-bois : celle née de la décomposition de la matière organique qui forme l'humus forestier.

Les feuilles mortes accumulées sur le sol concentrent l'humidité, se mélangent aux déjections des animaux et, sous l'effet de l'humidité, émettent cette odeur liée aux transformations biologiques du sol.

Les champignons rajoutent leurs senteurs, comme la truffe qui produit une molécule similaire à l'odeur de la truie avant l'accouplement, ce qui explique le dressage du porc pour la rechercher.

Ces odeurs ont disparu des villes, avec leurs sols bitumés et leurs employés municipaux qui ramassent les feuilles. Le paradoxe est que, dans notre monde urbain aseptisé, dans ce monde sans odeur ou sentant le caoutchouc et les pots d'échappement, on cherche artificiellement à retrouver les senteurs de la nature. Les senteurs rappelant la forêt font ainsi partie des parfums d'intérieur les plus demandés. Comme la nostalgie d'un monde perdu ?

LA PLUS GRANDE PALETTE DU MONDE

— À l'automne, quand le manteau vert de chlorophylle disparaît, les feuilles révèlent d'autres pigments pour offrir un feu d'artifice végétal.

Forêt de miombos (*Brachystegia* sp.), vallée de la Luangwa, Zambie.
Les forêts tropicales et subtropicales sèches de l'hémisphère Sud changent aussi de couleur pendant quelques semaines avant la saison des pluies.

À l'automne, la forêt canadienne s'habille d'or et de sang. Elle abandonne pour un temps les tons d'émeraude et de jade coutumiers des forêts tempérées et tropicales.

Les artisans anonymes qui sont responsables de ces changements sont les pigments, ces molécules qui absorbent une partie de la lumière et qui donnent, par conséquent, leurs couleurs aux choses. Parmi eux, la chlorophylle joue un rôle vital. Présente naturellement dans les feuilles des végétaux, elle leur donne leur teinte verte du printemps à l'été et rend possible un processus physiologique indispensable à la vie : la photosynthèse. Grâce à celle-ci, les feuilles captent l'énergie solaire nécessaire à la synthèse des sucres qui, véhiculés par la sève, permettent aux végétaux de vivre, de croître et de bourgeonner.

Les feuilles hébergent d'autres pigments comme le carotène, aux tons orange, mais celui-ci est habituellement masqué par la chlorophylle. La cohabitation des deux donne naissance à une infinité de teintes allant du vert le plus tendre au plus foncé. En automne, lorsque les températures et l'ensoleillement déclinent, la concentration en chlorophylle dans les feuilles diminue. Le vert disparaît, le carotène prend le dessus et les feuilles passent progressivement au jaune, puis à l'orangé. Elles se parent de blond, de brun ou encore de feu. Sans chlorophylle, la feuille ne produit plus de sucre. Elle devient inutile à l'arbre et celui-ci la condamne et l'isole par un bouchon qui empêche la sève de l'alimenter. C'est au niveau de ce bouchon qu'intervient une troisième famille de pigments, les anthocyanes, qui confèrent parfois les pourpres et les vermillons profonds qu'on trouve chez l'érable ou le chêne rouge.

Et ce n'est là qu'une partie de la palette forestière, car les écorces blanches ou blondes des bouleaux ou les fleurs roses et blanches des cerisiers japonais participent aussi, à leur manière, à la grande fresque colorée des forêts du monde.

LES FORÊTS DE KELPS, DES FORÊTS SOUS-MARINES

— Ces algues géantes peuvent mesurer jusqu'à 50 m de haut.

Forêt sous-marine de kelps, île San Clemente, Californie, États-Unis. Les kelps servent de refuge à de nombreuses espèces.

Au large de la Tasmanie, non loin de l'Australie, il existe une forêt sans arbre. Et pour cause, cette forêt vit sous l'eau.

Pas d'arbre donc, mais des algues géantes, les kelps, qui peuvent atteindre jusqu'à 50 m de haut et qui poussent à une allure particulièrement rapide, de 50 à 60 cm par jour. Les forêts de kelps ne sont cependant pas caractéristiques du sud de l'Australie. On en trouve le long des côtes californiennes, chiliennes, norvégiennes, sud-africaines, et tout autour du globe dans des eaux tempérées et riches en nutriments. Ancrées sur des fonds rocheux, elles s'élèvent vers la surface à la recherche de la lumière et restent en suspension grâce à des milliers de vésicules remplies d'air.

Tout comme les forêts terrestres, les forêts de kelps abritent une faune riche et diversifiée. Au fond, coquillages et oursins investissent les rochers tandis que, plus en surface, crabes et hippocampes parcourent la canopée à la recherche de nourriture. Entre les deux, des bancs de poissons traversent régulièrement les lieux et y trouvent un abri. Ils côtoient des poulpes et des étoiles de mer qui grimpent le long des kelps.

Mais, de tous les habitants de ces forêts, les loutres de mer jouent un rôle capital. Si elles prennent un malin plaisir à transformer ce dédale d'algues géantes en terrain de jeu, elles se nourrissent aussi d'oursins, l'un des principaux prédateurs des kelps. Ce faisant, elles les protègent, voire contribuent à leur extension, alors que, dans les zones où les populations de loutres sont en déclin ou absentes – que ce soit à cause de prédateurs naturels ou de l'homme –, les forêts se dégradent et s'amenuisent.

Les oursins en surnombre ne sont cependant pas les seuls dangers qui guettent les forêts sous-marines. Outre la surexploitation du kelp pour les besoins de l'industrie alimentaire ou pharmaceutique, l'augmentation de la température des océans due au changement climatique menace leur existence même. En Tasmanie, le long de la côte est de l'île, les deux tiers de la forêt de kelps ont ainsi disparu en 50 ans.

LA LUMIÈRE, C'EST LA VIE

— La lumière rythme la vie des forêts et sculpte leurs formes.

Sous-bois avec palmiers (*Licuala* sp.), Queensland, Australie.
Leur silhouette permet aux palmiers-cuillères de capter un maximum de lumière et de pousser ainsi dans le sous-bois.

Les plantes sont façonnées par la lumière. Car l'énergie lumineuse permet aux végétaux de transformer le carbone présent dans l'air en matière solide et vivante grâce à la photosynthèse. Les molécules de dioxyde de carbone et d'eau sont transformées en oxygène et en molécules de sucre qui constituent les briques de chaque végétal. C'est ainsi que le soleil se mélange à la vie. C'est pour cette raison que les plantes poussent toujours en direction de la lumière.

Si l'accès à la lumière est vital, comment vivre à l'ombre des grands arbres quand seul 1 %, voire 0,1 %, de la lumière parvient à traverser les frondaisons et à atteindre le sol ? Grâce à une série d'adaptations morphologiques, physiologiques, voire comportementales. Les plantes des sous-bois, plus sombres, disposent ainsi souvent de grandes feuilles horizontales – qui sont autant de capteurs. Elles sont disposées de manière à ne pas se recouvrir les unes les autres. En lumière faible, les tiges sont plus allongées. Certaines plantes, pour se hisser au-dessus du sol tout en faisant l'économie d'un tronc, s'appuient ou s'accrochent aux grands arbres, à l'image des lianes. Les différences d'éclairement expliquent l'existence de strates forestières : de la canopée jusqu'au sol, les espèces végétales varient, car elles se sont adaptées à des quantités décroissantes de lumière.

La lumière dicte aussi la dynamique des forêts : lorsqu'un arbre meurt et s'effondre, il ouvre une clairière. Commence alors, stimulée par l'arrivée d'un surcroît de lumière, une course de vitesse entre plantules pour croître et se hisser jusqu'à la canopée.

Sous les hautes et moyennes latitudes, la lumière fait aussi les saisons : lorsque la durée des jours baisse ainsi que la température, il n'y a plus assez de lumière et la photosynthèse s'arrête. Les feuilles – sauf pour les conifères – changent de couleur avant de tomber. Elles ne repousseront qu'au printemps suivant, lorsque la durée du jour augmentera de nouveau.

LA FORÊT EN MOUVEMENT

__ **À la fin de la dernière glaciation, les chênes ont reconquis l'Europe** à la vitesse stupéfiante de 380 m par an.

Bois pétrifié, parc national de Petrified Forest, Arizona, États-Unis. Le bois pétrifié est un bois fossilisé. Celui-ci date de près de 200 millions d'années.

Les forêts ne sont pas figées. Avec les variations du climat, elles avancent et reculent. C'est ainsi qu'à la fin de la dernière glaciation, il y a 20 000 ans, les forêts qui s'étaient réfugiées dans des zones plus clémentes ont recolonisé l'Europe. Partis du sud de l'Espagne ou de l'Italie, les chênes, pour ne citer qu'eux, ont reconquis le Vieux Continent à la vitesse stupéfiante de 380 m par an en moyenne !

Tropicales ou tempérées, les forêts évoluent toutes selon des cycles au cours desquels les espèces se succèdent sans que nous en ayons généralement conscience. Ainsi, après un incendie, une avalanche, une tempête ou même la simple chute d'un arbre, des espèces dites « pionnières » investissent les lieux.

Capables de se développer dans des milieux instables ou pauvres en eau et en matière organique, mousses et lichens préparent le terrain.

Après les mousses et lichens, les premiers arbres et arbustes font leur apparition. Les essences varient d'un type de forêt à l'autre, mais présentent toutes les mêmes caractéristiques. Grâce à une luminosité importante et à l'absence de concurrents, elles poussent très rapidement et produisent un grand nombre de graines que le vent ou les animaux se chargeront de disséminer.

Bien que leur espérance de vie soit limitée à quelques dizaines d'années, ces « sprinters » modifient à leur tour les conditions de vie du milieu et permettent alors à d'autres espèces de sortir de terre.

L'ombre qu'ils créent permet en effet aux arbres à croissance lente de se développer, eux qui possèdent une structure plus solide et apte à résister au temps. Au bout de plusieurs centaines d'années, ils deviendront les piliers de la forêt sur lesquels viendront plus tard s'amarrer les lianes et les épiphytes.

Pour le promeneur, tous ces changements sont imperceptibles. Tout au plus remarque-t-il qu'un arbre est tombé par ici et que d'autres poussent par là. Mais, à l'échelle de la forêt et de son temps, c'est un ballet incessant.

LES FORÊTS SACRÉES

— La forêt reste un intermédiaire entre le monde des humains et celui des dieux.

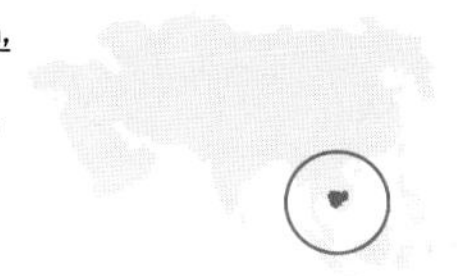

Ruine du temple de Ta Prohm, Angkor, Cambodge.
La capitale de l'empire khmer, Angkor, a été abandonnée au XVIe siècle. Elle comptait alors 700 000 habitants.

Dans la mythologie mésopotamienne, Gilgamesh, roi sumérien vivant il y a près de 5 000 ans dans la cité d'Uruk et premier héros dont nous ayons gardé la trace grâce à l'invention de l'écriture, accomplit un acte héroïque : tuer Humbaba, le démon gardien de la forêt de cèdres réservée aux dieux. Puis il en rase tous les arbres.

Cette première aventure de l'histoire marque ainsi l'opposition entre la ville et la forêt, mais aussi la suprématie de la civilisation sur les espaces encore sauvages et habités par des esprits.

Pourtant, de nombreuses sociétés d'Afrique, d'Asie et d'Amérique latine vénèrent encore aujourd'hui la vitalité des forêts et leur grandeur. Des espaces boisés demeurent le théâtre de cérémonies traditionnelles et de rituels. Terres des ancêtres, refuges des dieux et des génies, cimetières pour dignitaires, lieux de culte et d'initiation, la forêt et ses arbres sont le creuset de rituel, de croyances et de mythes cosmogoniques.

Impossibles à dénombrer, les sites naturels appelés « forêts sacrées » ou « bois sacrés » symbolisent l'héritage des générations passées. Pour de nombreuses communautés vivant autour et avec la forêt, ces îlots de végétation restent un intermédiaire entre le monde des humains et celui des dieux et des esprits. Les coupes de bois, la chasse, les habitations et l'agriculture sont bien sûr bannies de ces sanctuaires. Même s'y aventurer sans autorisation relève parfois de la profanation : bien souvent, seuls les initiés ont le droit d'y pénétrer.

Dans un compromis original entre tradition et modernité, le Japon shintoïste attribue aux éléments de la nature, et notamment à l'arbre, un caractère spirituel et divin. Ainsi, la plupart des forêts de l'archipel abritent encore aujourd'hui des temples. Et, chaque année, la floraison des cerisiers est l'occasion d'une fête nationale exprimant l'attachement de cette société à la nature et au sacré. Un attachement que de nombreuses autres sociétés contemporaines ont perdu.

LE VRAI VISAGE DE LA FORÊT

— La canopée, cette strate supérieure des forêts, forme un monde radicalement différent qui nous était inconnu encore récemment.

Mission du Radeau des cimes en 2001, Madagascar. Soutenu par un ballon dirigeable, le radeau a permis de découvrir l'extraordinaire biodiversité qu'héberge la canopée.

On a longtemps observé la forêt d'en bas. Sa végétation, ses sols. C'est pourtant au-dessus de nos têtes, sur ses cimes baignées de lumière, que se concentre la biodiversité la plus abondante, en particulier en forêt équatoriale et tropicale primaire.

Là-haut, 95 % de l'énergie solaire est captée par les feuillages, 30 % des précipitations y sont absorbées, les vents sont plus intenses et peu de facteurs limitent le développement de la vie.

Rares en sous-bois, des fleurs aux couleurs vives et des fruits gorgés de soleil attirent des hordes d'insectes, d'oiseaux, de singes et de lémuriens. Cette strate supérieure de plusieurs mètres d'épaisseur, qu'on appelle la « canopée », constitue un écosystème à part entière au sein même de l'écosystème forestier. Pour les botanistes, elle représente le vrai visage de la forêt.

Ce n'est que très récemment que l'on a découvert la richesse de la canopée, parce qu'on disposait de peu de moyens pour l'observer. Les premières expéditions scientifiques ont nécessité la construction d'un dirigeable, baptisé Radeau des cimes, capable de se poser sur le délicat toit des forêts. Les diverses missions du radeau ont commencé il y a 25 ans seulement et ont été dirigées par Francis Hallé, un botaniste français. Ce sont elles qui ont enfin permis d'étudier les forêts par en haut.

En Amazonie, mais aussi au Cameroun, au Gabon ou encore à Madagascar, ces expéditions ont mis en évidence de profondes différences écologiques entre les couches inférieures de la forêt et la canopée, tant au niveau de la faune que de la bioclimatologie et de la photosynthèse. Les recherches ont permis de découvrir une multitude d'espèces végétales et animales qui n'existent pas en bas, à l'ombre des arbres.

Les prélèvements scientifiques ont également pu démontrer que la canopée de ces forêts primaires représentait un réservoir important de molécules actives nouvelles, dont on n'a découvert à ce jour qu'une infime partie.

RICOH
TOTALFINAELF

4

milliards d'hectares
sont recouverts de forêts.

LES **FORÊTS** REPRÉSENTENT UN PEU PLUS DE **26 % DE LA SURFACE DES TERRES ÉMERGÉES** DE LA PLANÈTE.

---

36 %

de la surface forestière
est occupée par des forêts primaires.

LES FORÊTS PRIMAIRES SONT CELLES QUI N'ONT PAS ÉTÉ MODIFIÉES PAR L'HOMME, AU CONTRAIRE DES FORÊTS SECONDAIRES. **LES FORÊTS PRIMAIRES RÉGRESSENT** RAPIDEMENT : ELLES ONT PERDU **40 MILLIONS D'HECTARES** DEPUIS 2000.

[Carte page de droite]
Un « biome » est la plus grande unité de classification écologique. C'est un ensemble d'écosystèmes caractéristiques d'une aire biogéographique. Ils sont nommés, en général, à partir de la végétation qui y prédomine. Selon la classification habituelle, il existe 14 biomes terrestres, divisés en 867 écorégions et 12 biomes aquatiques.

PRINCIPAUX BIOMES FORESTIERS DU MONDE

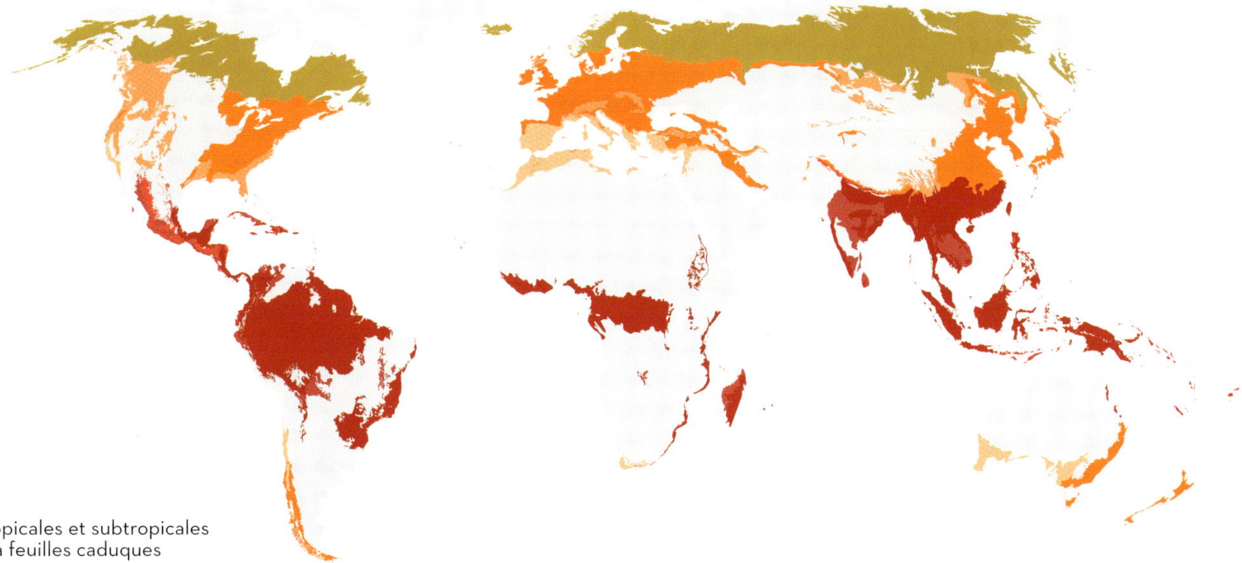

- Forêts tropicales et subtropicales humides à feuilles caduques
- Forêts tropicales et subtropicales sèches à feuilles caduques
- Forêts tropicales et subtropicales conifériennes
- Forêts tempérées à feuilles caduques et mixtes
- Forêts tempérées conifériennes
- Forêts boréales / taïga
- Forêts, bois et broussailles méditerranéens

1

milliard d'hectares, c'est l'étendue des forêts de conifères du nord de la Russie.

LA **TAÏGA RUSSE** REPRÉSENTE AINSI À ELLE SEULE **26 % DE LA SURFACE MONDIALE** DES FORÊTS. L'**AMAZONIE,** QUI COUVRE PLUS DE 300 MILLIONS D'HECTARES, NE SE PLACE QU'AU 2e RANG. VIENT ENSUITE LA FORÊT DU **BASSIN DU CONGO,** AVEC 200 MILLIONS D'HECTARES.

10

pays rassemblent à eux seuls 65 % du couvert forestier.

IL S'AGIT DE LA **RUSSIE,** DU **BRÉSIL,** DU **CANADA,** DES **ÉTATS-UNIS,** DE LA **CHINE,** DE L'**AUSTRALIE,** DE LA RÉPUBLIQUE DÉMOCRATIQUE DU **CONGO,** DE L'**INDONÉSIE,** DE L'**INDE** ET DU **PÉROU.**

[Carte page de droite]
Avec 94 %, le Suriname détient le record mondial de couverture forestière. Cela est dû en partie au fait que ce pays possède une densité de population extrêmement basse : avec 2,4 habitants au kilomètre carré, il occupe le 4e dernier rang. Loin derrière l'Union européenne (113 hab./km²). Juste après le Suriname vient la Guyane française, avec, elle aussi, une densité proche de 2 hab./km².

COUVERT FORESTIER PAR PAYS

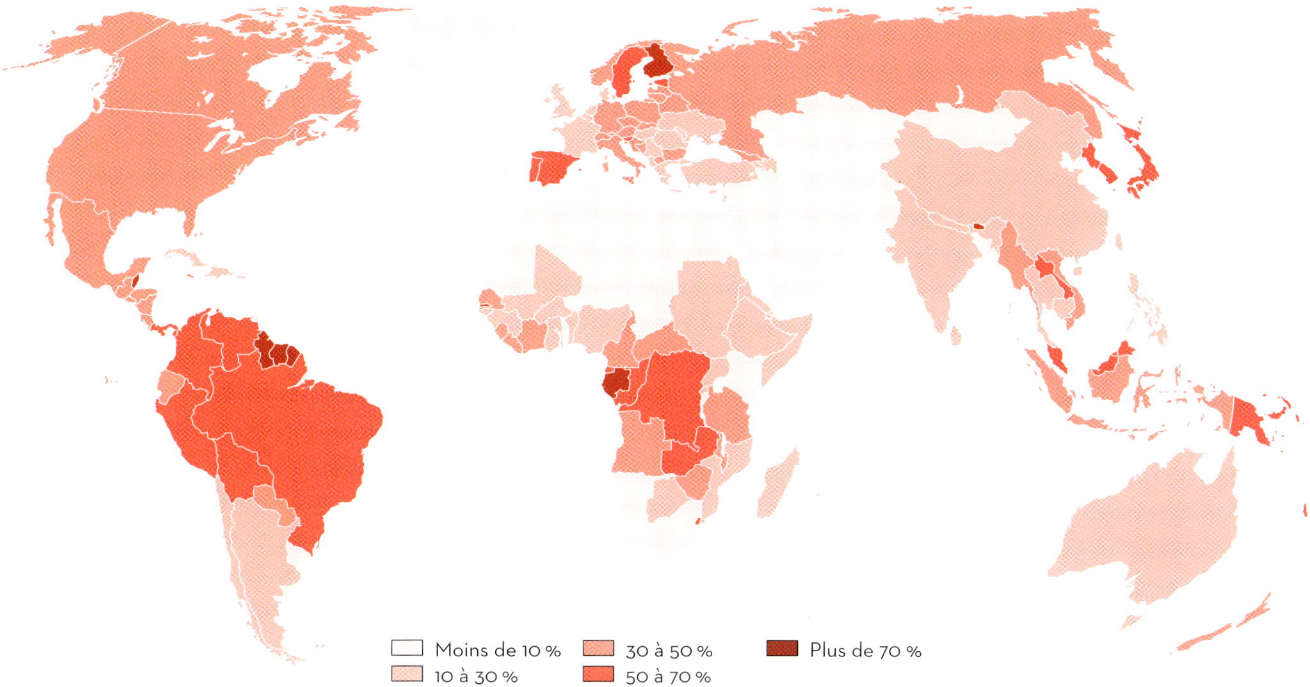

2
HABITANTS

« Vivre seul et libre
comme un arbre,
et fraternellement
comme une forêt. »

NAZIM HIKMET
Poète turc

ÊTRE DANS UNE FORÊT, C'EST CÔTOYER LE GÉNIE À L'ÉTAT PUR

[Pages précédentes]
L'Orénoque, région d'Amazonas, Venezuela. 4e fleuve du monde par son débit, l'Orénoque prend sa source au Venezuela et traverse la forêt amazonienne avant de se jeter dans l'Atlantique.

Au moment même où vous lirez ces lignes, il y a non loin de vous une forêt qui se livre à son industrieuse activité. De l'eau purifiée est pompée sur plusieurs centaines de mètres de hauteur; des milliers de produits chimiques spécialisés sont fabriqués sur commande; des matériaux composites et résistants s'assemblent tous seuls, en silence et à température corporelle; des structures étanches, ignifugées et résistantes aux maladies sont sans cesse bâties pour répondre aux conditions locales; la lumière du soleil est attrapée au lasso pour être transformée. Et, dans le sol, les champignons tissent des liens entre les racines, créant un réseau d'échange d'informations et de ressources digne d'Internet.

Au sein de cette vaste usine naissent des millions de vies. Et c'est là que réside toute la différence entre les forêts et le reste. Dans une forêt, on peut se promener en toute sécurité avec ses enfants. Pas besoin de casque, de lunettes de protection ni de masque à gaz. Dans une forêt, on s'entend penser, on respire un air pur, on a sous les pieds une terre fertile et parfumée. La forêt fait partie d'un monde durable en constante construction depuis 3,8 milliards d'années, un monde peuplé de millions d'organismes qui sont l'incarnation de la sagesse d'un environnement où tout est à sa place.

Le biomimétisme consiste à s'inspirer de ces organismes et à imiter leur fonctionnement de façon à trouver des solutions durables pour l'homme. L'objectif est de créer des produits, des processus ou des politiques – c'est-à-dire de nouveaux modes de vie – qui soient adaptés à une vie sur terre sur le long terme. J'ai d'abord entendu parler de la biomimétique dans d'obscures publications, mais, depuis que j'ai écrit un livre ayant ce terme pour titre, il y a 13 ans, le procédé qui consiste à s'inspirer de la nature s'est largement répandu et les produits qui en découlent emplissent les vitrines et les catalogues dans le monde entier.

Les forêts sont particulièrement riches d'enseignements. Les feuilles des arbres sont à l'origine des cellules solaires intégrées dans les vitres des fenêtres, des peintures autonettoyantes et des

JANINE BENYUS

Récompensée par le prix « Champions de la Terre » 2009 du PNUE

Le concept de biomimétique de Janine Benyus pousse scientifiques, architectes, designers et ingénieurs à chercher toujours davantage de processus naturels qui pourraient servir à l'humanité. Auteur d'ouvrages sur les sciences naturelles et consultante en innovation, elle recherche des solutions durables en imitant les modèles et les processus naturels : des cellules solaires s'inspirent ainsi du fonctionnement des feuilles, les prairies servent de modèle en agriculture et les entreprises sont gérées comme une forêt de séquoias.

voiles solaires qui « éclosent » toutes seules. Les forêts tropicales nous ont permis de conceptualiser l'agriculture sur trois niveaux, nous nous sommes inspirés du gecko pour fabriquer du ruban adhésif et de papillons comme les morphos pour teindre des tissus sans utiliser de pigments toxiques ou pour améliorer nos écrans. Sans oublier les termitières, pourtant peu appréciées, qui ont appris aux architectes à refroidir un bâtiment sans consommer de combustible fossile, ni les araignées qui nous montrent comment fabriquer des fibres sans avoir recours à des températures ou à des pressions élevées et sans utiliser de produits chimiques toxiques.

Si chacune de ces technologies est proprement stupéfiante, l'écosystème forestier dans son ensemble fait de véritables miracles, améliorant aussi bien l'habitat que le biome. Les biologistes de l'Association et de l'Institut de la biomimétique (Biomimicry Guild and Biomimicry Institute), situés dans le Montana, s'inspirent de cette leçon pour révolutionner l'urbanisme en Chine, en Inde, au Brésil et aux États-Unis. Nos « normes de performance écologique » poussent les gestionnaires municipaux à égaler, voire à dépasser les services écosystémiques qu'aurait rendus l'écosystème originel s'il était encore en place. Combien de litres d'eau sont stockés, puis lentement libérés chaque année par l'écosystème ? Combien de mètres cubes d'air sont purifiés et refroidis ? Combien de millimètres de sol sont constitués, de tonnes de carbone stockées ou de types de biodiversité nourris ? Autant de références qui doivent servir aux urbanistes, architectes et ingénieurs pour créer une ville « généreuse », dont les bâtiments et les paysages restituent les ressources au biome.

C'est dans ce même esprit de restitution que notre programme Innover pour protéger (Innovation for Conservation Program) consacre l'argent tiré des produits inspirés de la nature à la protection des forêts et de tout le génie qu'elles abritent. Et pour moi, cette façon concrète d'exprimer son respect, cette gratitude traduite en actes est peut-être bien ce que la biomimétique a inventé de plus beau.

LES DERNIÈRES FORÊTS PRIMAIRES

— Elles abritent une biodiversité d'une richesse inégalée, mais disparaissent à un rythme alarmant.

Chimpanzé *(Pan troglodytes)* se reposant dans un nid pendant la nuit, État de Cross River, Nigeria.
La population de chimpanzés à la frontière entre le Nigeria et le Cameroun est la plus petite d'Afrique. Elle compte entre 4 000 et 7 000 individus.

La forêt vierge. Qui n'en a jamais rêvé ? Partir à la découverte d'une terre inconnue à la végétation enchevêtrée est un fantasme alimenté par les contes, les romans et le cinéma qui, au travers de récits palpitants, cultivent l'image d'une nature survivant intacte. Pourtant, la forêt vierge stricto sensu n'existe pas. Même au cœur de l'Amazonie, des traces de présence humaine ont été relevées, certaines datant de plusieurs milliers d'années.

Il existe toutefois 1,4 milliard d'hectares de forêts dites « primaires ». Des espaces boisés, souvent difficiles d'accès, qui ne sont ni exploités ni entravés par l'homme. Celui-ci n'y a jamais été qu'un simple visiteur. D'après la FAO, l'agence des Nations unies pour l'alimentation et l'agriculture, ces forêts primaires représentent 36 % du couvert forestier mondial, principalement sous les tropiques. Mais leur surface a diminué de 40 millions d'hectares ces 10 dernières années. L'Occident n'en compte plus que quelques reliques ici et là, après la déforestation massive des siècles passés : la forêt de Bialowieza, en Pologne, inscrite au patrimoine mondial de l'Unesco, constitue aujourd'hui l'un des derniers massifs forestiers à caractère primaire du Vieux Continent.

Malgré leur apparence parfois sauvage, les autres forêts sont dites « secondaires ». Après avoir été sporadiquement défrichée, la végétation a repoussé, mais elle n'est plus originelle : elle est souvent entretenue, au moins partiellement artificialisée.

Les forêts primaires abritent une biodiversité inégalée et bien supérieure à celle des forêts secondaires. Cette extrême diversité fait leur intérêt, mais explique qu'il est souvent difficile de les restaurer.

Face à leur disparition, il n'existe qu'une seule solution : les protéger, s'armer de patience et laisser faire la nature. Car, selon les experts, une forêt laissée à elle-même peut se régénérer et retrouver son ancienne richesse biologique, mais elle a besoin pour cela d'environ 700 ans, une éternité au regard de la vitesse des transformations actuelles.

LES DERNIERS HABITANTS DE LA FORÊT

— Les peuples autochtones sont menacés comme la forêt qu'ils habitent – ils en sont pourtant les meilleurs gardiens.

Forêt de Palawan, Philippines.
Les Taw Batu vivent au cœur de la vallée de Signapan, sur l'île de Palawan. Leur nombre ne dépasserait pas 200 personnes.

Une centaine de peuples autochtones ont choisi de vivre dans la forêt, à l'écart du monde « extérieur » comme ils l'appellent. Des chasseurs-cueilleurs aux traditions ancestrales, nomades ou sédentarisés depuis peu, vivant en communion avec leur milieu d'origine. À l'opposé d'autres cultures humaines qui, pour se développer, détruisent la forêt pour faire place à des champs et à des villes.

Pygmées du Congo, Ashaninka du Pérou, Aborigènes d'Australie, ces groupes ont en commun un attachement profond à la forêt dont ils ont une parfaite connaissance. Elle représente la base de leur existence. Respectueux, ces peuples savent gérer durablement les ressources naturelles de la forêt. Ayant élaboré un autre rapport à la nature, ils ne se considèrent pas comme les gestionnaires d'un écosystème leur appartenant, mais comme ses simples composantes. Pour eux, la forêt est un bien commun dont on ne peut faire commerce.

Aujourd'hui, la plupart de ces communautés sont menacées. Elles sont dépossédées de leurs terres au nom du profit pour couper le bois, creuser des mines, transformer les terres en champs… C'est le cas, par exemple, des Penan à Bornéo, qui luttent pour sauver leurs dernières ressources. Leurs forêts sont abattues pour leur bois précieux et remplacées par des palmiers à huile et des barrages hydroélectriques qui les privent de tout moyen de subsistance. Obligées d'abandonner leur mode de vie traditionnel, ces communautés, comme les Pygmées en Afrique, méprisées au sein même de leur pays, échouent en marge des villes et sombrent dans la misère.

Paradoxalement, la protection de l'environnement peut aussi les mettre en péril. Pour préserver la biodiversité, des parcs naturels sont parfois créés au détriment de communautés que l'on déplace, les obligeant à abandonner leur mode de vie traditionnel. Comme cette biodiversité dont ils considèrent faire partie, ces peuples sont donc menacés. Ils en sont pourtant les meilleurs gardiens.

L'ULTIME REFUGE

— Des esclaves en fuite aux résistants ou aux rescapés d'un génocide, la forêt est le refuge de ceux qui n'ont plus nulle part où aller.

Golfe de Murtoli, Corse-du-Sud, France. Avec sa végétation basse et dense, ses fourrés épineux et inextricables, le maquis corse constitue encore aujourd'hui un refuge idéal.

Le plus célèbre repaire de brigands demeure sans doute la forêt de Sherwood, en Angleterre, où Robin des bois vécut caché pour échapper à la potence.

De tout temps, la forêt a offert sa protection. En Amérique du Sud et aux Antilles, elle a longtemps servi d'asile aux esclaves en fuite ou en révolte. Aujourd'hui, entre le Suriname et la Guyane, on compte 80 000 de leurs descendants appelés Noirs Marrons, de l'espagnol *cimarron*, qui signifie « vivant sur les cimes ».

Durant la Seconde Guerre mondiale, des groupes de résistants se réfugièrent dans les forêts, en Grèce, en Yougoslavie ou en Biélorussie par exemple. En France, les résistants ont « pris le maquis », expression faisant référence à une forme de forêt méditerranéenne dégradée où l'on peut facilement se cacher. Plusieurs milliers d'hommes et de femmes pouvaient ne pas se faire repérer quand le couvert forestier était assez dense.

Les maquis abritaient également des filières d'évasion pour les Juifs.

Plus récemment, les Hmong, persécutés pour avoir aidé les Français et les Américains durant les guerres d'Indochine et du Vietnam, se sont réfugiés dans la jungle et la montagne. Et, aujourd'hui, la forêt héberge toutes sortes de guérillas, mais aussi parfois des trafiquants de stupéfiants ou de matières précieuses, en Amérique du Sud ou en Afrique principalement.

L'exemple le plus important reste toutefois celui de la forêt de l'est de la République démocratique du Congo qui a accueilli presque 1 million de personnes ayant fui le génocide rwandais et la guerre civile. Mais, à cette échelle, la végétation ne peut plus offrir de refuge : au plus fort de la crise, environ 600 tonnes de bois étaient coupées chaque jour pour chauffer et alimenter les réfugiés, amenant rapidement la déforestation de 50 000 hectares du parc national des Virunga, jadis l'un des joyaux écologiques de la région. Le problème humanitaire s'est alors doublé d'un désastre écologique.

LES CRÉATURES IMAGINAIRES DE LA FORÊT

— Les créatures fantastiques qui peuplent les bois reflètent notre inconscient et illustrent la dimension culturelle qu'ont acquise les forêts.

Forêt humide près du sommet de Manuoha, parc national de Te Urewera, Nouvelle-Zélande. La forêt de ce parc tient son nom d'une légende maorie, selon laquelle un chef serait mort pour s'être retourné pendant son sommeil, trop près d'un feu de camp. Urewera se traduit par « pénis brûlé »...

La forêt sombre dans laquelle on se fraye un chemin et où l'on se perd, ce monde d'ombres fugitives aux marges de notre civilisation et de son ordre apparent, c'est aussi le symbole de l'inconscient. Comme lui, elle est habitée d'une multitude de créatures fantastiques qui prennent des formes différentes selon les cultures, tantôt menaçantes ou dangereuses, tantôt bienveillantes ou inoffensives. Prolongement de nos rêves de puissance, ces êtres sont dotés de pouvoirs surhumains : changer d'apparence physique, jeter des sorts, commander les phénomènes, influencer le futur...

Fées, lutins, elfes, gnomes, trolls, génies, sylphides, dryades..., le « petit peuple » vivant dans le lichen, les terriers, les troncs, les souches et les racines des arbres incarne souvent la nature et représente un intermédiaire entre les hommes et les dieux. Il évoque un monde magique et invisible, accessible grâce à des passages secrets connus des seuls initiés, les druides et les sorcières.

Sorcières, ogres, dragons, loups-garous et autres créatures malfaisantes comme la bête de Gévaudan sont issus des forêts et font régner l'insécurité et l'angoisse : peur de se perdre, de faire une mauvaise rencontre, de se faire dévorer...

Bien sûr, aucun de ces êtres fantastiques ne peuple d'autres forêts que celles de notre imaginaire. Mais ils ont inspiré de nombreux artistes qui nous ont raconté leurs histoires et qui nous ont permis de les rencontrer. Ces créatures que l'homme a fait naître ont alimenté de nombreux mythes, contes et légendes.

Ils participent à une représentation collective de la forêt, celle qui est entrée dans notre folklore et dans notre histoire culturelle, de Dante aux *Contes* de Perrault, des grandes sagas nordiques aux mythes hindous, des tableaux de la Renaissance au cinéma.

La forêt, ce n'est donc pas seulement un ensemble d'écosystèmes, c'est aussi une partie de notre culture.

MAIS QUI A PEUR DU LOUP ?

— Considéré comme un animal diabolique, le loup a été chassé avec un acharnement sans pareil. Il tente un timide retour en Europe.

Loup dans une forêt, Montana, États-Unis.
Longtemps chassé, le loup a trouvé refuge dans les forêts où il se cache, loin de l'homme. (Trouvez-le sur la photo !)

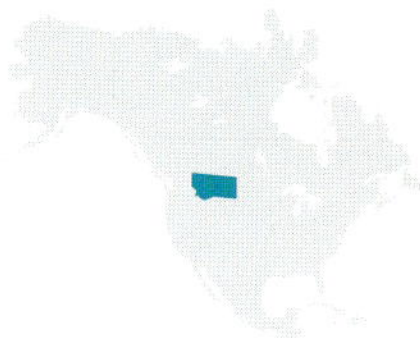

Dans l'Antiquité, le loup symbolisait à la fois la fécondité et la férocité. Les Romains faisaient ainsi de la louve la mère adoptive des fondateurs de Rome et du loup le compagnon de Mars, dieu de la Guerre. Mais, avec l'urbanisation croissante, l'aspect positif du symbole a disparu. L'animal domestiqué – le chien – a dorénavant seul sa place en ville ; la forêt, devenue mystérieuse et menaçante, tombe sous l'emprise de l'animal sauvage – le loup.

Car, dans la forêt occidentale, celui-ci a été, avec l'ours et le lynx, le plus grand carnivore. Ce fut aussi, pendant longtemps, le plus commun. Il entrait en compétition avec l'homme, voire en conflit puisqu'il lui arrivait de s'en prendre à ses troupeaux et, exceptionnellement même, de s'attaquer à lui.

Au Moyen Âge, le loup, insaisissable, personnifia les peurs de l'homme. Considéré comme l'animal diabolique par excellence, accompagnant les sorcières, il était chassé avec un acharnement sans pareil. Au XIXe siècle, cette chasse et le recul des forêts amenèrent sa quasi disparition.

Aujourd'hui, il n'est présent en grand nombre que dans certaines régions d'Amérique du Nord, dans le nord de l'Asie et en Europe de l'Est. Depuis quelques années, il fait pourtant une timide tentative de reconquête de ses anciens territoires européens, entre autres les Alpes.

Mais, s'il ne fait plus peur, une partie des éleveurs français s'oppose violemment à son retour et dénonce les attaques subies par leurs troupeaux – une difficulté supplémentaire qui pèse sur eux dans un contexte économique difficile.

Pourtant, des solutions à son retour existent. De l'autre côté de la frontière, les éleveurs italiens ont appris à cohabiter avec les loups. Mieux informés sur leurs habitudes de prédateurs, aidés par des chiens de protection mais aussi travaillant dans des conditions différentes, ils ont démontré que les loups peuvent vivre dans la forêt et que les hommes peuvent y travailler, ensemble.

UNE BIODIVERSITÉ HORS DE MESURE

— Les forêts du monde abritent plus de 50 % de la biodiversité de la planète. Celle-ci reste largement méconnue.

Grenouille *(Hyloscirtus lindae)*, Colombie. Les ventouses situées au bout des doigts des grenouilles arboricoles leur permettent de grimper facilement sur les arbres.

La biodiversité des forêts tropicales donne le vertige. Le parc de Yasuni, en Équateur, abrite 850 espèces d'oiseaux, plus que toute l'Europe ; un seul de ses hectares contient plus de 220 espèces d'arbres, autant qu'en France métropolitaine. Et certaines zones de la forêt amazonienne hébergent 7 500 espèces de papillons, alors que la Grande-Bretagne toute entière n'en compte que 65.

À l'échelle de la forêt amazonienne et de ses 7 millions de kilomètres carrés, les nombres deviennent astronomiques. Au moins 40 000 espèces de plantes, 3 000 de poissons, 1 294 d'oiseaux, 427 de mammifères, 428 d'amphibiens et 378 de reptiles y ont été identifiées. Et plus de 100 000 espèces d'invertébrés uniquement au Brésil ! Mais un très grand nombre d'espèces reste à découvrir et on ne peut que spéculer sur leur nombre. Selon les estimations, il y aurait près de 2,5 millions d'espèces d'insectes en Amazonie, voire dix fois plus.

De nouveaux habitants de la forêt sont sans cesse identifiés par les multiples expéditions et stations scientifiques qui travaillent en Amazonie. Entre 1999 et 2009, plus de 1 200 nouvelles espèces de plantes et de vertébrés ont ainsi été découvertes, soit une tous les 3 jours. Et leur extraordinaire diversité nous surprend toujours : un perroquet chauve, une grenouille naine à la tête ornée de dessins de flammes, un poisson rouge aveugle, une tarentule bleue...

Et, bien entendu, il n'y a pas que l'Amazonie. Le cœur des autres grands bassins forestiers, comme celui du Congo ou de l'Indonésie, ou les zones inaccessibles, comme la forêt de Nouvelle-Guinée, recèle encore de nombreuses espèces inconnues de la science. Mais, avec la déforestation, certaines disparaissent avant même que l'on sache qu'elles ont existé !

Au niveau mondial, les forêts couvrent 26 % de la superficie des terres émergées de la planète, mais elles concentrent plus de 50 % des espèces végétales et animales, d'où l'intérêt de les protéger.

LES JARDINIERS DE LA FORÊT

— « Quand il n'y a plus d'arbres, il n'y a plus de singes. »
Proverbe chinois

Un orang-outan mâle *(Pongo Pygmaeus)*, Indonésie.
À maturité, seuls les orangs-outans mâles arborent un disque facial caractéristique. Avec le gorille, c'est le seul grand singe à avoir un dimorphisme sexuel très marqué.

En Indonésie, une légende raconte que les orangs-outans, « les hommes de la forêt » en malais, seraient doués de parole, mais que, pour ne pas avoir à travailler, ils auraient eu la sagesse de ne jamais parler. Pour d'autres tribus, ils seraient des hommes transformés en singes et exilés dans la forêt par les dieux pour les punir. Quel que soit le bien-fondé de ces croyances, elles révèlent le lien étroit qui lie l'homme au singe, un lien qui ne se limite d'ailleurs pas qu'à des mythes.

La science a montré que nous partageons plus de 97 % de notre ADN avec les grands singes. Comme nous, ils ont des coutumes et des traditions sociales. Comme nous, ils utilisent des outils. Les chimpanzés, par exemple, se servent de sortes de tongs pour escalader le tronc épineux d'arbres comme le kapokier afin d'en cueillir les fruits.

Les forêts sont le berceau des primates et notamment des singes. Elles leur apportent nourriture, logis et refuge. Même les babouins, qui passent le plus clair de leur temps dans la savane, ont gardé l'habitude de grimper dans les arbres pour y passer la nuit. À quelques exceptions près, tous les singes en ont fait leur lieu de vie. En contrepartie, ils y jouent le rôle de jardinier. En cassant des branches, ils créent des trouées de lumière qui permettent aux plantes des sous-bois de pousser. Ils participent aussi à la dispersion des graines des fruits qu'ils mangent, certaines ne germant qu'après avoir transité par leur estomac ! Des macaques du Japon aux gorilles de montagne du Rwanda, tous contribuent à la conservation et à la régénération des forêts.

Avec la disparition de leur habitat, près de 50 % des 634 espèces de singes sont aujourd'hui en danger d'extinction. Un proverbe chinois dit : « Quand il n'y a plus d'arbres, il n'y a plus de singes. » D'ici 2030, les 350 000 grands singes actuels de la planète (orangs-outans, gorilles, bonobos et chimpanzés) auront tous disparu si rien n'est fait pour les sauver. Est-ce vraiment le sort que nous souhaitons pour nos proches cousins ?

DES VACHES PERCHÉES

— Manger, et puis dormir
14 heures par jour.

Paresseux à gorge brune mâle *(Bradypus variegatus)*, Panama.
Suspendu à une branche grâce à ses griffes puissantes, le paresseux vit, mange, dort et s'accouple dans cette position, la tête en bas.

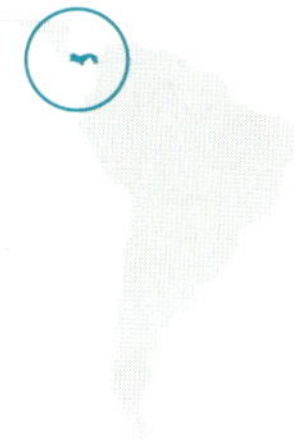

Malgré l'abondance de feuilles que l'on peut trouver en forêt, très peu de mammifères en font leur repas quotidien. La cellulose qui constitue la paroi des cellules végétales est en effet difficile à digérer et seuls ceux qui possèdent un estomac adapté peuvent s'en nourrir, comme les ruminants de nos campagnes. Dans la forêt, ces animaux vivent la vie de « vaches perchées » dans des arbres…

Le koala, par exemple, consomme essentiellement des feuilles d'eucalyptus, mais pas n'importe lesquelles. Sur les 600 espèces d'eucalyptus recensées en Australie, il n'en apprécie qu'une cinquantaine, chaque individu montrant une préférence marquée pour seulement deux ou trois d'entre elles. Il peut ainsi engloutir entre 500 g et 1 kg de feuilles par jour, sans rien avaler d'autre et sans boire, les feuilles lui apportant l'eau dont il a besoin. En aborigène, koala signifie d'ailleurs « qui ne boit jamais ».

Le paresseux d'Amérique tropicale a lui aussi un régime alimentaire exclusivement composé de feuilles. Son estomac gigantesque (20 à 30 % de son poids) lui permet de conserver les aliments jusqu'à 70 heures et de les digérer lentement au cours de ses 14 heures de sommeil quotidiennes.

Mais ce qui est encore plus incroyable chez le paresseux qui peut passer sa vie entière dans le même arbre, c'est sa robe. Adaptée à la quasi immobilité du paresseux, elle est habitée par tout un écosystème. Des chercheurs ont ainsi répertorié sur un seul individu près de 120 papillons et 978 coléoptères vivant à partir des algues qui se développent dans sa robe.

Quant au panda, il se nourrit principalement de pousses de bambous. Dans les forêts montagneuses de la Chine centrale, il peut ainsi passer plus de 10 heures par jour à en manger jusqu'à 38 kg.

Les feuilles n'étant pas un aliment riche, ces trois mammifères ont besoin d'en ingurgiter de grandes quantités pour satisfaire leur appétit. C'est peut-être pour cette raison que leur vie tourne autour de deux activités principales : manger et dormir.

DE DRÔLES D'AMIS

— Les champignons forment un groupe d'êtres vivants totalement à part dans la forêt. Totalement indispensable aussi.

Satyres voilés
(Phallus indusiatus),
Sumatra, Indonésie.
Malgré sa robe dentelée et son surnom de « dame voilée », le satyre voilé est un champignon à l'odeur particulièrement désagréable, caractéristique des zones tropicales.

Espèces forestières par excellence, les champignons, moisissures et autres levures forment un règne à part. Pour les biologistes, ce ne sont ni des végétaux ni des animaux. S'ils vivent souvent fixés dans le sol comme les plantes, ils se nourrissent en revanche davantage à la manière des animaux. Car les champignons ne pratiquent pas la photosynthèse : ils trouvent leur nourriture dans la matière morte d'autres êtres vivants. Ils y parviennent grâce à des filaments appelés « myceliums ».

Trop souvent négligés, les champignons sont parmi les plus grands êtres vivants. En forêt, un seul mycélium peut s'étendre dans le sol sur des dizaines, voire des centaines d'hectares. Les petits chapeaux rattachés à un pied que l'on aperçoit à la surface du sol ne sont en fait que l'organe reproducteur, une infime partie de l'organisme du champignon.

Les myceliums sont omniprésents dans les sols où ils participent, aux côtés des bactéries, des termites et des larves de coléoptères, à la décomposition et au recyclage des feuilles et des branches mortes. Ils sécrètent des enzymes qui digèrent ou dégradent les plus solides des matières organiques - le bois, par exemple. Ils absorbent et filtrent l'eau, agglomèrent les particules solides. Ils contribuent ainsi activement à la formation et à la structuration des sols.

Certains champignons, les mycorhizes, jouent un rôle souvent ignoré. Fixés sur les racines, ils forment avec les arbres une « symbiose », c'est-à-dire un échange de bons procédés. Les arbres les nourrissent en échange de quoi les mycorhizes protègent leurs racines et facilitent leur absorption des nutriments présents dans le sol. Les conifères, qui poussent en général sur des sols pauvres, ne pourraient se développer s'ils n'étaient secondés par ces champignons.

La diversité de ces êtres vivants est étonnante et les scientifiques en ont identifié à ce jour plus de 75 000 espèces, mais sans doute en reste-t-il plus de 1 million encore à découvrir.

SUR LES ÉPAULES DES GÉANTS

— Les épiphytes sont des plantes sans racines dans le sol qui se hissent sur les autres végétaux pour trouver leur place dans la forêt.

Paysage de forêt, Nouvelle-Zélande.
Dans les forêts de montagne de l'île du Sud, au cœur des Alpes néo-zélandaises, des couches de mousses et de lichens recouvrent les branches des arbres et offrent abri et nourriture à de nombreuses petites créatures.

En hauteur, la lumière abonde, les herbivores sont moins menaçants, les animaux pollinisateurs plus nombreux et le vent disperse plus efficacement les graines. Certaines plantes s'accrochent donc aux troncs des arbres, se hissent à leurs branches ou à leurs tiges pour atteindre plus facilement ces zones plus favorables à leur développement.

Ce sont les « épiphytes ». Le mot décrit en fait un comportement écologique et non un groupe de plantes, car il en existe de toutes sortes : orchidées, broméliacées, aracées (comme le philodendron), cactées, fougères, bryophites (les mousses), lichens...

La grande particularité des épiphytes est donc d'être capables de vivre sans plonger leurs racines dans le sol. À la différence de la plupart des autres plantes, celles-ci leur servent principalement à se fixer et non à s'alimenter. Pour se nourrir, ils tirent leurs ressources de l'air et de la pluie, du vent qui dépose sur eux des particules solides et autres nutriments, et parfois de minuscules débris dans le creux des branches des arbres qui les portent. Ces plantes ont quelquefois des structures en coupelles ou rosettes pour retenir l'eau des pluies et des brumes.

Les épiphytes sont également à l'origine de réservoirs d'eau habités par des espèces animales aquatiques ou semi-aquatiques (insectes ou amphibiens). Ces véritables écosystèmes aquatiques en suspension peuvent contenir jusqu'à 20 litres. Ils sont parfois les seules sources d'eau présentes à la surface du sol des forêts tropicales.

Certaines plantes débutent leur existence comme épiphytes, puis elles envoient des racines aériennes le long du tronc de leur hôte qu'elles étouffent pour devenir à leur tour de grands arbres. C'est le cas des figuiers étrangleurs.

Beaucoup de ces plantes sont méconnues, car difficilement accessibles dans la canopée. On en a identifié près de 30 000 espèces, mais un grand nombre reste à découvrir. Elles jouent un rôle majeur dans l'extraordinaire richesse des écosystèmes forestiers.

COOPÉRATION ENTRE DEUX RÈGNES

— Les animaux qui trouvent refuge dans la forêt assurent aussi sa survie.

<u>**Un balanin (*Curculio elephas*), coléoptère inféodé aux châtaigniers et aux chênes, France.**</u>
Parfois appelé « balanin éléphant », ce minuscule insecte utilise son long rostre pour perforer les glands et y déposer ses œufs.

Les animaux qui habitent la forêt ne sont pas seulement des hôtes remarquables : ils jouent un rôle essentiel dans la survie des végétaux qui les abritent.

Tout d'abord, certains animaux permettent leur reproduction. Les insectes butineurs transportent ainsi avec eux le pollen indispensable à la fécondaton des plantes à fleurs. Quelques espèces de chauves-souris des régions tropicales, en mangeant des fleurs ou en dégustant leur nectar, participent aussi à cette pollinisation.

Mais ce ne sont pas les seuls vertébrés utiles à la reproduction des végétaux. L'écureuil, en collectant de grandes quantités de graines pour l'hiver, oublie parfois sa cachette ou égare ses provisions en chemin, qui peuvent alors germer loin de leur arbre d'origine. Certaines graines ne germent même qu'une fois leur coque ramollie par les sucs digestifs des animaux, et donc excrétées par eux. D'autres se prennent dans le pelage des mammifères qui les transportent souvent sur de grandes distances. Parmi ces derniers, les grands herbivores jouent un rôle vital dans le développement et l'entretien des forêts. Le sanglier par exemple, en retournant le sol pour se nourrir de champignons, disperse des semences enfouies depuis des années.

Ensuite, d'autres animaux entretiennent l'humus, cette couche supérieure du sol particulièrement riche en matière organique. L'humus se compose de feuilles mortes et autres débris forestiers qu'enrichissent de nombreux invertébrés, bactéries et champignons en décomposant les cadavres des animaux et leurs excréments.

Les animaux fouisseurs comme le ver de terre y ajoutent leurs excréments et aèrent l'ensemble. Grâce à eux, les végétaux peuvent puiser dans ce fertile mélange l'eau et les nutriments nécessaires à leur développement. Le grand naturaliste Charles Darwin fit même à ces petits invertébrés l'honneur de leur consacrer son dernier livre, paru en 1881 et intitulé *Rôle des vers de terre dans la formation de la terre végétale*.

300

millions de personnes dans le monde vivent dans et autour des forêts.

ENVIRON **60 MILLIONS DE PERSONNES** DÉPENDENT PRESQUE ENTIÈREMENT DE LA FORÊT POUR **LEUR SURVIE.**

300

c'est aussi le nombre d'essences d'arbres que l'on peut trouver sur un seul hectare de forêt amazonienne.

C'EST PLUS QUE DANS L'EUROPE TOUTE ENTIÈRE. À L'INVERSE, C'EST EN **ISLANDE** ET À **MALTE** QU'IL Y A **LE MOINS D'ESSENCES D'ARBRES** DIFFÉRENTES, SEULEMENT 3.

[Carte page de droite]
La déforestation du dernier siècle a contribué à réduire de plus de 30 % le nombre d'espèces présentes dans les forêts de la planète. D'ici à 2050, c'est 38 % supplémentaires de la biodiversité des forêts qui pourrait disparaître.

NOMBRE D'ESPÈCES D'ARBRES PAR PAYS

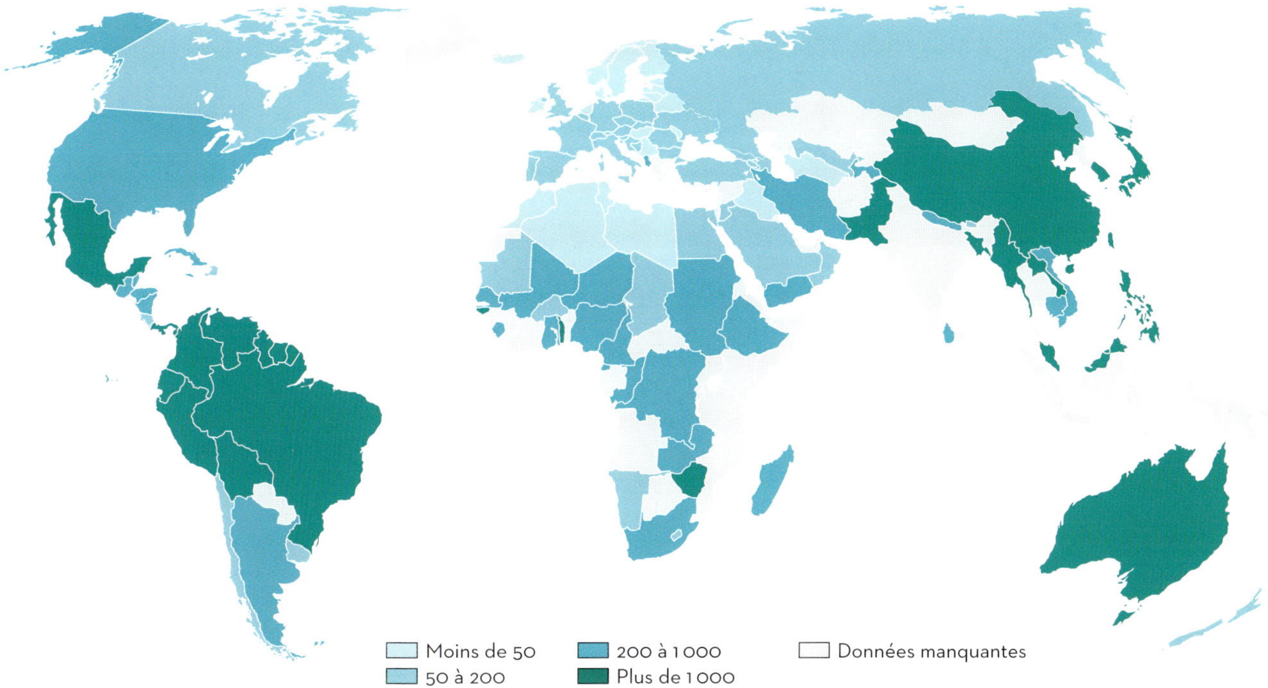

1200

c'est le nombre de coléoptères que l'on peut identifier dans les frondaisons d'un seul arbre.

ET CET ARBRE POUSSE DANS UNE **FORÊT HUMIDE DU PANAMA.**

2/3

des espèces vivantes de la planète habitent en forêt.

LA **FORÊT TROPICALE INDONÉSIENNE** ABRITE À ELLE SEULE 11 % DES ESPÈCES DE **PLANTES** CONNUES, 10 % DES **MAMMIFÈRES** ET 16 % DES **OISEAUX.**

[Carte page de droite]
Les forêts tropicales possèdent la plus riche biodiversité qui soit : elles pourraient héberger 50 % de toutes les espèces de notre planète. La forêt amazonienne, par exemple, sert de refuge à 40 000 espèces de plantes, 3 000 de poissons et plus de 100 000 d'invertébrés. Mais ce ne sont là que les espèces connues.

NOMBRE D'ESPÈCES ANIMALES CONNUES PAR BIOME

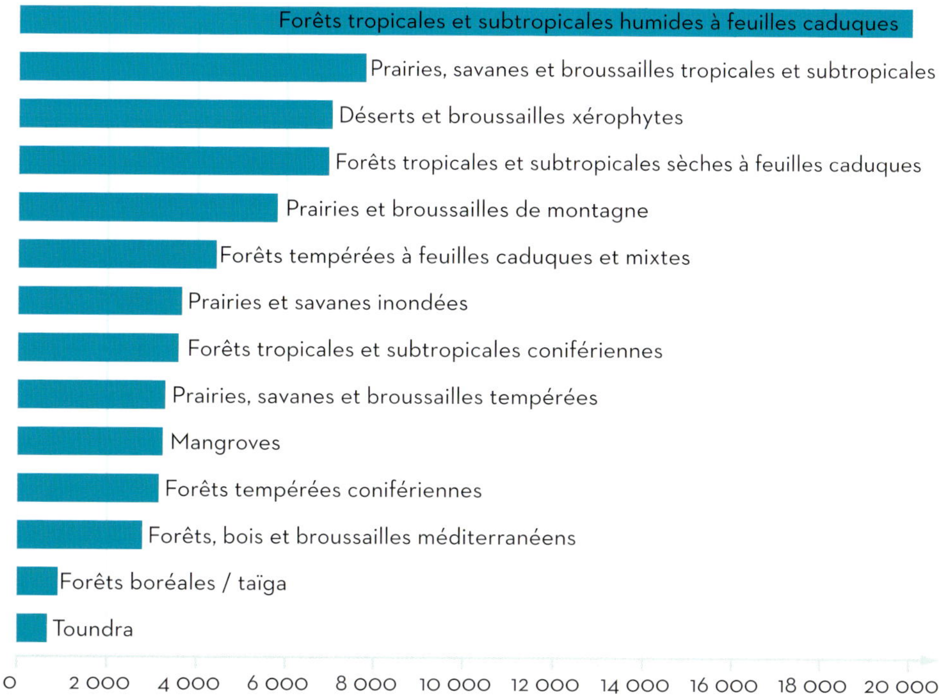

SVE TRUCK

3 USAGES

« L’arbre est le meilleur ami
de l’homme sur terre.
Lorsque nous l’utilisons
avec respect et modération,
il constitue l’une des
plus extraordinaires
ressources qui soient. »

FRANK LLOYD WRIGHT
Architecte américain

LA VIE, C'EST BIEN PLUS QUE DU CRICKET !

[Pages précédentes]
Empilement de bois devant une usine de pâte à papier, région de Mörrum, Suède. En Europe, près de 50 % du bois coupé est utilisé pour fabriquer du papier.

Je me souviens que lorsque j'étais petit garçon, à Bombay, je profitais que tout le monde regardait la télévision pour grimper dans les manguiers et voler des fruits. C'est amusant de constater que, bien des années plus tard, mon nom a été donné à une variété de mangue qu'on a découverte : la mangue Sachin ! Aujourd'hui, quand je regarde en arrière, je m'aperçois que j'ai bouclé la boucle de certaines de mes passions.

Je repense à la toute première batte de cricket que ma sœur m'a donnée lorsque j'avais 7 ans et à la naïveté avec laquelle, des heures durant, je m'imaginais en train de jouer pour l'équipe de mon pays. Je l'aimais tellement, cette batte, que je l'ai utilisée jusqu'à ce qu'elle se brise. Je ne le savais sans doute pas, à l'époque, mais les arbres étaient en train de devenir le bien le plus précieux pour moi et en tenir un dans la main, pour ainsi dire, me remplissait littéralement de bonheur.

Depuis, le cricket occupe toute ma vie et jusqu'à mes rêves. Si l'on me retirait la batte des mains, je serais totalement perdu. Et pourtant, je ferais preuve de beaucoup d'aveuglement si je pensais être le seul à avoir besoin des arbres. Prenons le tigre, par exemple, ce majestueux symbole de la fierté et du patrimoine indiens. Non seulement il a été victime d'une chasse effrénée au siècle dernier, mais la destruction des forêts réduit son habitat et le met en danger.

Je ne suis en aucun cas un spécialiste de la protection de la nature, mais le bon sens me dit que nous devrions laisser les tigres vivre

SACHIN TENDULKAR
Ambassadeur de bonne volonté du PNUE

Sachin Tendulkar est universellement reconnu comme l'un des meilleurs batteurs de l'histoire du cricket. Il soutient avec enthousiasme le travail des Nations unies : il a en effet prêté sa voix pour une campagne d'information de l'Unicef sur l'eau et l'hygiène, et envisage d'utiliser sa formidable popularité pour sensibiliser les populations et obtenir des soutiens en faveur de l'environnement dans son pays natal, l'Inde, et partout ailleurs dans le monde.

en paix dans nos forêts, de la même façon qu'on nous laisse nous, humains, vivre tranquillement dans notre habitat. Si je fais ce lien entre les tigres et nous, c'est parce qu'à Bombay, ma ville natale, on trouve un parfait exemple de cohabitation avec le parc national Sanjay Gandhi.

Ce parc a ceci d'unique qu'il est encerclé par la ville qui compte le plus d'habitants en Inde. Ses forêts grouillantes d'animaux, ses collines, ses vallées et ses lacs s'étendent sur 104 km^2. Il abrite une riche biodiversité composée d'environ 1 000 espèces de plantes, 284 d'oiseaux, 5 000 d'insectes, 40 de mammifères, 150 de papillons et 62 de reptiles. Toute cette richesse attire plus de 2 millions de visiteurs par an, ce qui en fait l'un des parcs les plus visités au monde. Les forêts contribuent en outre à apporter une solution aux problèmes croissants de pollution de l'air due à la proximité de la ville.

Lorsque je repense au moment où, pour la première fois, j'ai eu une batte de cricket dans la main, je me rends compte que, la vie, ce n'est pas simplement gagner des matchs. C'est aussi et surtout un équilibre complexe qui repose sur les dons que la nature et l'homme se font tour à tour. Ainsi, en prenant des mesures comme la protection du parc national de Sanjay Gandhi, nous permettons aux forêts de protéger les tigres et celles-ci, en retour, nous fournissent la matière première de notre industrie du bois et, véritables poumons, elles permettent à Bombay de mieux respirer.

LA CUEILLETTE

— Près de 1,6 milliard de personnes dépendent de la forêt pour leur subsistance.

Cueilleur de miel, Népal.
Les Gurung népalais vivent en partie de la récolte du miel. Aidé de son bâton, le chasseur de miel décroche un croissant de cire avec ses abeilles.

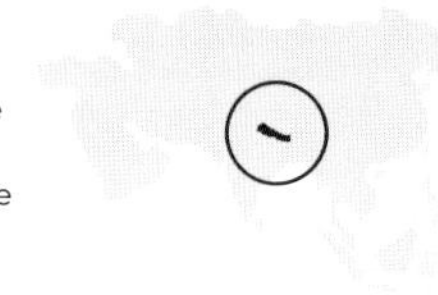

La forêt, c'est un supermarché naturel. On y trouve de tout. À manger, bien sûr, avec la cueillette de fruits, de champignons, de racines et d'herbes comestibles. Mais aussi avec la chasse. On y trouve également des plantes pour se soigner, de quoi construire des outils, des meubles et même une maison. Il y a aussi du bois pour se chauffer et cuire sa nourriture.

Tout cela est à disposition. Jusqu'à l'invention de l'agriculture, les hommes allaient simplement se servir en forêt. Aujourd'hui, dans les sociétés urbanisées, la pratique est évidemment moins courante, mais elle reste importante sur une grande partie de la planète : selon la Banque mondiale, 1,6 milliard de personnes dépendent de la forêt pour leur subsistance. C'est surtout le cas des plus pauvres qui trouvent en forêt un complément alimentaire précieux – la viande de brousse sous les tropiques est souvent la source principale de protéines animales – ou de quoi s'assurer un revenu complémentaire en vendant sur les marchés le résultat de leur cueillette. Au Ghana, par exemple, les forêts fournissent 100 espèces de feuilles et 200 de fruits pouvant être consommées. La forêt, c'est donc bien plus que du bois sur pied. Son utilisation repose même très souvent non pas sur l'abattage des arbres, mais sur la nécessité qu'ils restent en bonne santé, dans un écosystème sain et diversifié.

Une utilisation plus systématique de la forêt vivante a été élaborée par de nombreuses cultures en Amérique du Sud, en Asie et aussi en Europe. Elle reste pourtant assez mal connue. Il s'agit de l'« agroforesterie » qui consiste à utiliser le couvert forestier en association avec une production agricole. L'idée est de ne pas seulement produire dans la terre, mais aussi dans les différents étages de la forêt. En jouant sur les associations de plantes, en multipliant les strates, on augmente la productivité, qui peut même dépasser celle des terres agricoles !

Dès lors, couper les arbres, c'est tuer la poule aux œufs d'or...

UN MATÉRIAU D'AVENIR

— Ressource facilement accessible, le bois dispose de nombreux atouts, tant techniques qu'écologiques et esthétiques.

Maisons à Bayonne, Pyrénées-Atlantiques, France.
Le choix du bois permet à ce type de maison de mieux s'intégrer dans le paysage naturel.

De nos jours, plus de 5 000 types d'objets différents sont fabriqués à partir du bois : jouets, meubles, crayons, parquets, cagettes, instruments de musique, ustensiles de cuisine, mais également bateaux, bâtiments... Le bois est en effet une ressource facilement accessible et transformable. À tel point que les produits qui en dérivent occupent 3,7 % du commerce mondial, pour plus de 300 milliards de dollars chaque année.

D'un point de vue technique, le bois est un matériau solide et résistant. Bien conçu, un bâtiment en bois peut durer plusieurs générations. Les temples japonais, comme celui d'Horyu-Ji construit au VIe siècle, ou les églises en bois debout norvégiennes du XIIe siècle témoignent de la durabilité des constructions en bois. De même, dans les pays où les tremblements de terre sont fréquents, le bois est souvent choisi pour sa capacité à absorber les chocs sismiques et pour sa légèreté, car, pour une surface équivalente, une maison en bois pèse cinq fois moins qu'une maison en béton. Enfin, le bois est un isolant thermique environ dix fois plus efficace que le béton et permet donc de réaliser d'importantes économies d'énergie. Contrairement aux idées reçues, il offre aussi une meilleure résistance au feu que d'autres matériaux, car il brûle plus lentement. Aux États-Unis, au Canada et dans les pays scandinaves, 90 % des maisons individuelles sont construites en bois.

D'un point de vue écologique, le bois est le matériau durable par excellence. Renouvelable, disponible localement, recyclable après usage, il stocke également d'importantes quantités de CO_2 et améliore la qualité de l'air intérieur en régulant le taux d'humidité et en ne retenant pas la poussière.

Nombre d'ingénieurs s'évertuent à améliorer encore les propriétés physiques, la résistance et les besoins en entretien du bois, tandis que les designers s'attachent à lui donner une allure moderne et innovante. Le bois n'est donc pas seulement un matériau traditionnel, c'est aussi un matériau d'avenir.

SOIGNER PAR LES PLANTES

— Seulement 5 000 des quelque 250 000 espèces de plantes supérieures ont été étudiées pour leurs vertus thérapeutiques.

Fleur de rafflésie, parc national du mont Kinabalu, Sabah, Malaisie. Fleur atypique, la rafflésie ne possède ni racines, ni tige, ni feuilles. Elle se trouve principalement dans les forêts tropicales d'Asie du Sud-Est.

Les progrès de l'industrie pharmaceutique nous le font parfois oublier, mais près de 80 % de la population mondiale utilise les plantes pour se soigner. La plus grande partie d'entre elles sont issues des forêts.

La pratique est ancienne : l'homme de Neandertal, il y a plus de 30 000 ans, utilisait déjà des plantes médicinales. Durant le Moyen Âge, les moines les cultivaient et les sorcières, réputées pour connaître les secrets de la nature et des plantes, soignaient avec des élixirs et des décoctions. Aujourd'hui, c'est une pratique enracinée dans la culture – dans la médecine traditionnelle chinoise, par exemple – ou le seul traitement accessible, faute de moyens ou d'accès à des centres de soins.

Mais les deux approches ne sont pas si séparées qu'on le croit : près de 50 % des molécules thérapeutiques modernes proviennent de végétaux ou de champignons, même si elles ont été synthétisées ou modifiées. Et, pour trouver de nouveaux traitements, l'industrie pharmaceutique ne compte pas seulement sur ses laboratoires, mais aussi sur l'exploration et le recensement du patrimoine naturel de la forêt. En effet, avec seulement 5 000 sur quelque 250 000 espèces de plantes supérieures étudiées pour leurs vertus thérapeutiques, il y a potentiellement des trésors qui se cachent en forêt.

Comment faire pour les trouver ? Les scientifiques se tournent de plus en plus vers ce que l'on appelle l'« ethnopharmacologie ». Cette science de terrain consiste à recueillir des connaissances vernaculaires en travaillant étroitement avec les populations qui utilisent des plantes, des animaux et des minéraux à des fins thérapeutiques, curatives ou préventives.

Les Amérindiens, par exemple, ont déjà légué au monde des recettes comme la quinine (contre le paludisme), le curare (un anesthésiant) ou l'ipéca (contre les intoxications). Partager – de façon équitable – les connaissances de ces « savants primitifs » multiplierait les chances d'identification de nouveaux principes actifs.

LA FIÈVRE DU CAOUTCHOUC

— Au XIXe siècle, la fièvre du caoutchouc a profondément modifié le visage de l'Amazonie.

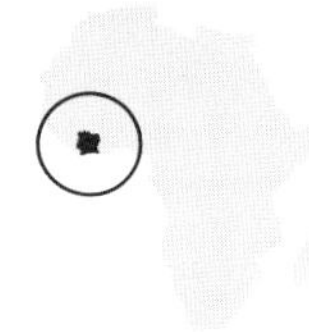

Plantation d'hévéas, Côte d'Ivoire.
La récolte de latex s'opère en entaillant l'écorce de l'hévéa. Originaire d'Amérique du Sud, le vol de cet arbre a mis fin au monopole américain sur la production de caoutchouc.

À la fin du XIXe siècle, la forêt amazonienne est le théâtre d'un engouement comparable à la ruée vers l'or : la fièvre du caoutchouc. Avec l'invention des premiers pneus et l'avènement de l'automobile, cette substance devient un enjeu économique. Or, c'est en Amazonie que pousse l'hévéa, arbre à partir duquel est extrait le latex utilisé pour sa fabrication.

Dès lors, des milliers d'hommes pénètrent au plus profond de la forêt et de nombreuses villes voient le jour. De toutes, Manaus symbolise le plus cet âge d'or. Relié à l'océan Atlantique, et donc à l'Europe, par le fleuve Amazone, cet ancien village de garnison devient l'une des villes les plus prospères du monde. Au cœur de la jungle, le téléphone, l'électricité, le tramway font leur arrivée, en même temps que se construisent des palais dans lesquels les barons du caoutchouc donnent des réceptions dignes du Vieux Continent.

Ce luxe et ces fastes contrastent néanmoins avec une autre réalité, celle des *seringueiros*, les ouvriers chargés de la collecte du latex, exploités dans des conditions proches de l'esclavage.

En 1876, un Anglais réussit clandestinement à faire sortir des graines d'hévéa d'Amazonie, pour les introduire ensuite dans les colonies anglaises. Résultat : sur les 8,9 millions de tonnes de caoutchouc naturel produit dans le monde en 2009, 95 % provient d'Asie du Sud-Est.

En Amazonie, les cours s'effondrent. Les producteurs de latex revendent à bas prix leurs terres aux éleveurs de bovins qui rasent les forêts et licencient les *seringueiros*. L'un d'entre eux, Chico Mendes, crée en 1975 un syndicat afin de défendre la forêt amazonienne et ceux qui en vivent. Ce personnage charismatique obtient la création de réserves forestières afin d'empêcher les éleveurs de déboiser, mais il est assassiné en 1988.

Aujourd'hui, il reste un symbole, résumé par l'une de ses citations : « Au début, je pensais que je me battais pour sauver les hévéas, puis que je me battais pour sauver la forêt amazonienne. Maintenant, je sais que je me bats pour l'humanité. »

FAIRE FEU DE TOUT BOIS

— Le bois est une source d'énergie renouvelable et bonne pour le climat, à condition de l'utiliser avec modération.

Charbonniers brûlant le bois issu de la coupe des arbres, Cerrado, Brésil. Le charbon de bois s'obtient en le faisant chauffer pour en retirer l'humidité. Cette pratique se perpétue, car le charbon constitue une énergie bon marché.

Le bois fournit à l'heure actuelle plus de 14 % de l'énergie primaire totale de la planète d'après la FAO, l'agence des Nations unies, soit deux fois plus que le nucléaire. Il constitue la source d'énergie principale pour les trois quarts des habitants de la planète. Rien de négligeable, donc.

Le bois possède en effet de nombreux avantages. Il est souvent disponible gratuitement ou pour un coût relativement modeste. Il est produit localement et peut être employé sous différentes formes (bûches, charbon de bois...) pour chauffer les habitations, cuire la nourriture et produire de l'électricité.

Si le bois est prélevé à un rythme raisonnable, la forêt peut se renouveler. C'est le cas en France et dans le nord de l'Europe. À l'inverse, sa surexploitation peut se révéler désastreuse. L'exemple le plus tragique est la déforestation quasi totale d'Haïti pour produire du charbon. Celle-ci a conduit à l'érosion des sols et rendu presque impossible l'agriculture, aggravant encore la pauvreté.

Le bois comme source d'énergie peut également être bon pour le climat. En effet, s'il est prélevé à partir d'une forêt en croissance ou à l'équilibre, le carbone émis lors de sa combustion est compensé par celui qui est absorbé par la forêt. Mais, hormis ce cas de figure, la combustion du bois joue un rôle négatif dans le réchauffement climatique : la déforestation par le feu est le premier facteur d'émission de gaz à effet de serre.

Bien qu'il soit le plus ancien des combustibles, le bois pourrait connaître un grand avenir pour produire des biocarburants liquides, dits « de seconde génération », ou pour alimenter des centrales thermiques modernes plus efficaces. Alors que le pétrole disparaît, il deviendrait une source d'énergie renouvelable, technologique et relativement abondante en Occident. À condition de l'utiliser avec modération.

La production totale de bois en 2000 a avoisiné les 3,9 milliards de mètres cubes, dont 2,3 ont été utilisés comme combustible, soit environ 60 %. Autrement dit, l'énergie est la principale application de la biomasse ligneuse.

ÉCRIRE SUR DES ARBRES

__ En moyenne, 24 arbres donnent 1 tonne de papier, mais cela n'implique pas forcément de raser des forêts.

Billes de bois traversant un lac, Canada. Les capacités de flottaison du bois sont connues depuis longtemps et ont facilité son transport à moindre coût sur de nombreuses voies fluviales du monde.

Au XIXe siècle, grâce à l'essor de la chimie, la cellulose du bois devient la matière première du papier alors que celui-ci était jusque-là produit à partir de chanvre, de lin ou de coton. Soudain, les ressources en bois sont au cœur d'une nouvelle filière industrielle. Aujourd'hui, la production mondiale de pâte à papier est de l'ordre de 190 millions de tonnes par an. Elle représente en valeur environ 50 % de la production des forêts d'Europe, d'Asie et d'Amérique du Nord.

Il faut l'équivalent de 24 arbres en moyenne pour faire 1 tonne de papier, mais cela n'implique pas forcément de raser des forêts. Car les exploitants utilisent le plus souvent les « restes » des arbres qu'ils ne peuvent pas employer à d'autres usages : le bois léger issu des coupes d'éclaircies forestières ainsi que les chutes de bois des scieries.

Généralement, les arbres utilisés proviennent de forêts plantées ou de forêts entretenues dans ce but. Toutefois, les logiques économiques poussent les exploitants vers un mode de gestion intensive de la forêt. Celle-ci se retrouve formatée et calibrée sous forme d'une monoculture d'arbres, souvent des résineux ou des eucalyptus dont la croissance est rapide, plantés en enfilade, au détriment des essences locales. La biodiversité diminue, les ressources en eau s'épuisent. Parfois, les arbres proviennent aussi de zones naturelles déforestées, voire de « coupes à blanc ».

Pour permettre au consommateur de s'assurer que le papier acheté est issu de forêts gérées durablement, différents labels ont été créés. Le plus connu d'entre eux et l'un des plus exigeants est le FSC (Forest Stewardship Council), créé avec les associations écologistes. Le retraitement des papiers et cartons usagés permet également de recycler et d'économiser ainsi non seulement des arbres, mais aussi de l'eau et de l'énergie. En choisissant un papier plus respectueux de l'environnement, chacun peut donc sauver des arbres ou agir sur les conditions dans lesquelles ils sont coupés.

LA DÉFORESTATION DANS L'HISTOIRE

— Au Moyen Âge, l'Europe a perdu la moitié de ses forêts pour gagner des terres agricoles.

Limite septentrionale de la forêt, Nunavut, Canada. La réserve de Thelon a été créée pour protéger les bœufs musqués. Ce ruminant vit dans la toundra arctique, là où le climat ne permet plus à la forêt de s'installer.

Aujourd'hui, la déforestation prend place principalement dans les pays du Sud. Cela inquiète de nombreux pays occidentaux, mais ces derniers doivent leur développement et leur prospérité au fait qu'ils ont eux-mêmes déboisé. Ce que les pays du Sud peuvent légitimement leur rétorquer.

C'est que la déforestation n'est pas un phénomène nouveau : il y a des milliers d'années déjà, elle accompagnait la naissance de la civilisation, car l'agriculture et la sédentarisation conduisent à un défrichement progressif des bois près des villages et des terres agricoles.

Au Moyen Âge, l'Europe a perdu la moitié de ses forêts. Le développement de la métallurgie a permis d'accroître la productivité agricole et de dégager des surplus, avec pour conséquence un essor de la population. Face au manque de surfaces agricoles disponibles, défricher la forêt devint l'un des rares moyens de gagner des terres. Ainsi en Europe, avant même la colonisation, conquérir de nouveaux espaces s'opérait par le défrichement de vastes forêts.

La conquête de l'Amérique a initié une autre vague de déforestation très importante. Entre 1600 et la période actuelle, les États-Unis ont ainsi perdu 90 % de leur forêt primaire. Il s'agissait tout d'abord de gagner des terres agricoles pour les colons, ensuite de répondre à la demande d'énergie associée au passage à l'ère industrielle avec le développement des machines à vapeur. À tel point que, dans le Midwest, au début du XXe siècle, les taux de déforestation ont atteint des valeurs proches de celles que l'on observe actuellement en Amazonie.

Aujourd'hui, paradoxalement, la forêt regagne du terrain en Occident, en partie grâce à la prise de conscience de son importance, mais surtout à cause de la déprise agricole, c'est-à-dire de l'abandon de certaines surfaces cultivées. En moyenne, en France, la surface des forêts a ainsi augmenté de 10 % en 30 ans. Elle a gagné 30 000 hectares par an ces dernières années.

À QUI APPARTIENNENT LES FORÊTS ?

__ Les conflits autour de cette question engendrent la violence et l'insécurité. Et de nombreux morts chaque année.

Collecte du bois, Mongolie.
Ramasser du bois s'avère vital pour les nomades de Mongolie, car il permet de se chauffer et de cuisiner tout en gardant la liberté de se déplacer.

« La terre appartient à celui qui la travaille », affirmait Zapata. Même si l'application de ce principe aux forêts s'avère complexe, cette phrase célèbre a le mérite de mettre en relation propriété et usage.

Plusieurs régimes de propriété coexistent en forêt. Le premier, le plus répandu, est la propriété publique – c'est le cas de 80 % des forêts de la planète. Elle implique souvent une protection ou un usage raisonné. Entre 1990 et 2005, les forêts publiques se sont réduites de 140 millions d'hectares, surtout dans les pays du Sud.

Le deuxième régime est la propriété privée. Elle peut être majoritaire dans certains pays, comme aux États-Unis (55 % des forêts) ou en France (75 %). Sous ce régime, les forêts ont souvent été exploitées commercialement. Entre 1990 et 2005, 113 millions d'hectares dans le monde sont devenus privés, principalement sous l'effet de l'extension des forêts de plantation.

Enfin, la propriété traditionnelle concerne principalement les peuples indigènes. En général, pour ces derniers, la forêt n'appartient à personne. Elle est en libre usage, sauf quelques zones sacrées. Depuis quelques décennies, elle est de mieux en mieux reconnue, quoique laborieusement. C'est le cas au Brésil qui l'a inscrit dans sa constitution en 1988 – même si la délimitation précise des terres indigènes n'est toujours pas achevée.

Aujourd'hui, ces trois régimes se heurtent parce qu'entreprises ou particuliers veulent exploiter des parties croissantes de la forêt. Ils entrent en conflit, d'une part, avec les peuples indigènes qui ne peuvent que rarement fournir des titres de propriété reconnus et, d'autre part, avec les représentants de l'État qui essaient parfois de s'y opposer. Ces tensions engendrent violence et insécurité. De nombreux militants, gardes forestiers et indigènes sont tués chaque année.

La question de savoir à qui appartient la forêt est non seulement cruciale car elle décide de qui peut l'utiliser et dans quelle mesure, mais elle est aussi vitale pour ceux qui l'habitent.

SAVOIR COUPER UN ARBRE

— Le bois issu de forêts gérées durablement est une alternative écologique aux dérivés du pétrole.

Coupe d'un tronc de hêtre atteint d'une maladie, Allemagne.
La bonne gestion d'une forêt implique parfois de couper un arbre en raison de sa mauvaise santé.

L'un des drames de la déforestation tient au fait qu'une exploitation durable des forêts est parfaitement possible. Puisque celles-ci disposent de la faculté rare de se régénérer naturellement, les hommes pourraient les exploiter indéfiniment en étant raisonnables.

En dépit de l'émotion que cela peut légitimement susciter, couper un arbre est même parfois un acte écologique. Si du bois est prélevé d'une forêt gérée durablement, le brûler dans sa cheminée est plus écologique que de se chauffer au mazout – un hydrocarbure polluant. En faire une table est préférable à en acheter une en plastique – lui aussi un dérivé du pétrole, non renouvelable.

En particulier en Europe, où les forêts sont globalement en croissance, utiliser davantage de bois permet de réduire notre utilisation de ressources non renouvelables et polluantes. C'est un enjeu écologique qui a même, par exemple, été inscrit dans les objectifs du Grenelle de l'environnement, le grand dispositif écologique de la France.

L'utilisation des arbres est même, étonnamment, à l'origine du mot de « développement durable ». En effet, le mot « durable » est une traduction de l'anglais *sustainable*, lui-même emprunté à l'ancien français « soustenir ». Le terme est utilisé dans l'ordonnance de Brunoy, première réglementation forestière connue en langue française, édictée le 29 mai 1346 par Philippe VI de Valois : « Les maîtres des eaux et forêts enquerront et visiteront toutes les forez et bois et feront les ventes qui y sont, en regard de ce que lesdites forez se puissent perpétuellement soustenir en bon estat. »

Même si son objectif premier était de fournir du bois pour la marine militaire, la gestion des forêts est un modèle historique de gestion durable avec, en France, la création de l'administration des Eaux et Forêts par Philippe Le Bel en 1291 et la réforme des forêts royales entreprise par Colbert, ministre de Louis XIV. Au XXIe siècle, elle pourrait le (re)devenir, cette fois dans l'intérêt de la planète et de ses habitants.

468

milliards de dollars, c'est la valeur ajoutée brute mondiale du secteur forestier.

LE SECTEUR FORESTIER EMPLOIE **14 MILLIONS DE PERSONNES** DANS LE MONDE.

85 %

de l'apport protéique des populations vivant au sein ou aux alentours des forêts provient de celles-ci.

QU'IL S'AGISSE DE **PRODUITS DE LA CHASSE OU DE LA CUEILLETTE,** LES FORÊTS SONT DES GARDE-MANGER. PAR AILLEURS, LES PRODUITS NATURELS – SOUVENT ISSUS DES FORÊTS – REPRÉSENTENT LA SEULE SOURCE DE **MÉDICAMENTS** POUR 75 À 90 % DES PERSONNES VIVANT DANS LES PAYS EN DÉVELOPPEMENT.

[Carte page de droite]
Les plus gros importateurs de produits forestiers restent les pays développés. La Russie s'est récemment illustrée comme le plus gros exportateur de bois rond industriel, avec 35 % du commerce mondial en 2004. La même année, la Chine est devenue le premier importateur mondial de bois rond industriel et, dans le même temps, l'un des principaux exportateurs de panneaux de bois, de papier et de carton.

PRODUCTION ET COMMERCE DES PRODUITS FORESTIERS PAR RÉGION

PAPIER ET CARTON

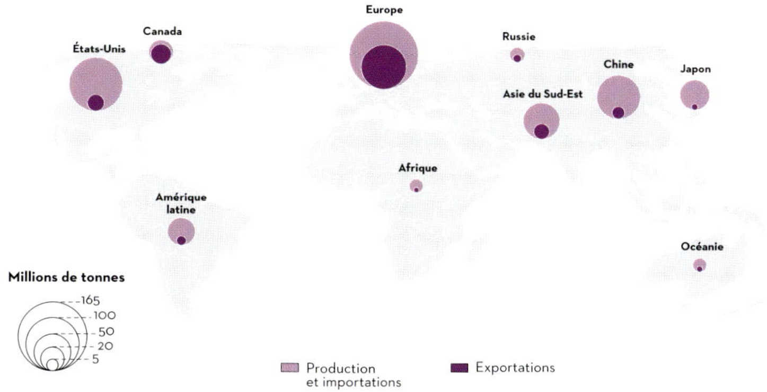

BOIS ROND INDUSTRIEL

14 %

de l'énergie primaire totale de la planète provient du bois et de ses dérivés.

C'EST **DEUX FOIS PLUS QUE LE NUCLÉAIRE.** DANS CERTAINS PAYS EN DÉVELOPPEMENT, C'EST BIEN DAVANTAGE : 97 % AU **BHOUTAN,** 93 % AU **BURUNDI,** 93 % EN **RÉPUBLIQUE DOMINICAINE** ET 92 % AU **NÉPAL.**

1.2

milliard de personnes dépendent des forêts.

DANS LES PAYS EN DÉVELOPPEMENT, LA POPULATION A RECOURS À DES **SYSTÈMES D'EXPLOITATION AGROFORESTIERS** QUI FAVORISENT LA PRODUCTIVITÉ AGRICOLE ET ASSURENT SES REVENUS.

[Carte page de droite]
Environ 90 % du bois coupé en Afrique et 40 % en Asie et dans la région Pacifique est utilisé comme combustible. Dans l'Union européenne, le bois représente plus de 50 % des sources d'énergie renouvelables.

CONSOMMATION DE BIOMASSE COMME SOURCE D'ÉNERGIE PAR PAYS

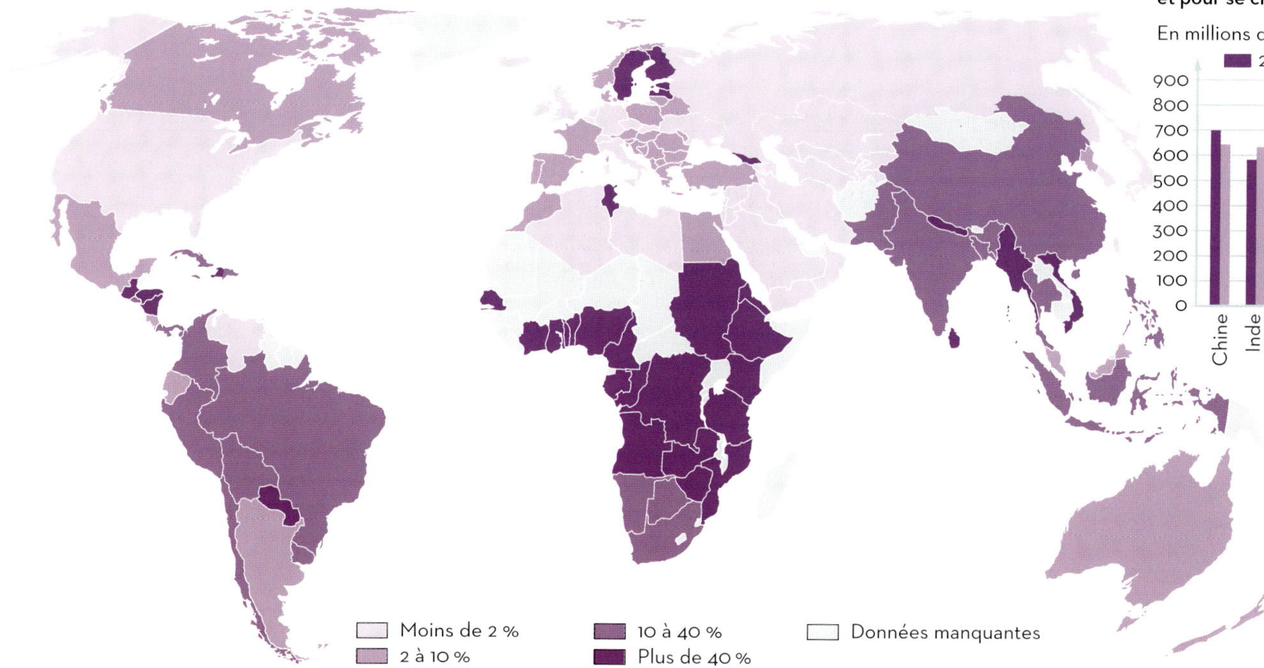

Population dépendant de la biomasse pour cuisiner et pour se chauffer

En millions d'habitants

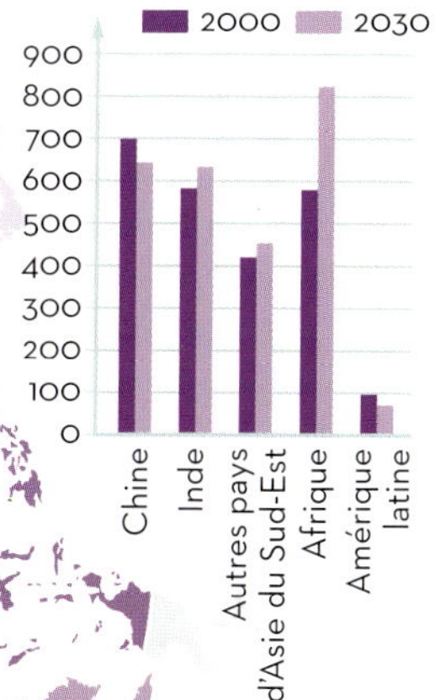

4

SERVICES

« Les forêts précèdent les peuples.
Les déserts les suivent. »

FRANÇOIS RENÉ DE CHATEAUBRIAND
Écrivain français

DES FORÊTS POUR LES GÉNÉRATIONS FUTURES

[Pages précédentes]
Un scientifique étudie les lichens au sommet d'un pin douglas, États-Unis. Pendant longtemps, les hommes ont regardé les arbres d'en bas – ils ont ainsi manqué une grande partie de la biodiversité forestière, celle qui vit à son sommet, dans la canopée.

Ma passion pour l'environnement me vient de mon enfance brésilienne. J'ai la chance d'avoir vécu dans un petit village et grandi dans une famille qui accordait une grande importance à la coexistence harmonieuse entre la nature et l'homme. Ce sont ces valeurs, inculquées lorsque j'étais enfant, qui m'ont poussée à prendre la défense de l'environnement. Mais, avec la naissance de mon fils, j'ai véritablement compris quel genre d'héritage je souhaitais laisser à mes enfants et à tous ceux de leur génération : ils doivent pouvoir, au même titre que nous, s'épanouir sur cette magnifique planète.

Avec mon père et ma famille, j'ai lancé le projet Agua Limpa (Eau propre) dans l'État du Rio Grande do Sul où j'ai grandi, au sud du Brésil. Ce projet a pour objectif d'améliorer la qualité de l'eau potable fournie aux citadins. Pour faire en sorte que l'eau ne soit pas polluée et pour soigner les forêts alentour, nous avons dû fournir aux communautés locales des informations sur l'importance de la protection du sol et de la lutte contre la pollution. Apprendre des choses confère une forme de pouvoir et nous avons tous appris la leçon suivante : si nous veillons sur les forêts, elles veilleront alors sur nous.

Je soutiens également Florestas do Futuro (Forêts de demain), un important projet de reforestation dont les objectifs sont à peu près les mêmes que ceux d'Agua Limpa, mais sur une plus grande échelle. Le projet Florestas do Futuro est mené par une ONG brésilienne qui se bat pour la préservation de la forêt atlantique. Celle-ci s'étend sur 1 330 000 km² et abrite une biodiversité d'une ampleur comparable à celle de la forêt amazonienne. On y répertorie 5 % des vertébrés de la planète, 200 espèces d'oiseaux endémiques et 60 % des espèces animales menacées du Brésil.

GISELE BÜNDCHEN
Ambassadrice de bonne volonté du PNUE

Mannequin le mieux payé au monde, Gisele Bündchen s'est depuis toujours impliquée avec passion dans la protection de l'environnement. Durant son enfance au Brésil, elle a pu admirer toute la beauté de la nature, mais elle a aussi été témoin de la destruction des forêts et de ses répercussions sur les communautés locales. En 2008, elle a lancé le projet Agua Limpa (Eau propre) qui concourt à la mise en œuvre d'une gestion durable de l'environnement et à la restauration de la végétation riveraine et des microbassins de l'État du Rio Grande do Sul.

93 % de la forêt atlantique a aujourd'hui disparu, ce qui fait que l'on se dirige tout droit vers une véritable catastrophe écologique. La déforestation menace directement quelque 2 200 espèces d'oiseaux, de mammifères, de reptiles et d'amphibiens.

Parmi les maux qui s'attaquent constamment au fragile écosystème de la forêt atlantique figurent la collecte illégale de bois précieux, la conversion des terres pour l'élevage, l'agriculture et les plantations forestières, ainsi que l'expansion des zones urbaines et suburbaines.

Ces pressions écologiques ne mettent pas seulement en danger la biodiversité de la forêt atlantique, elles menacent également les communautés rurales autochtones qui y vivent. Leur survie dépend en effet directement de la conservation et de l'exploitation durable des ressources naturelles.

À travers des projets coordonnés de reforestation et de rétablissement des espèces indigènes, Florestas do Futuro veut inverser ces tendances désastreuses et faire en sorte que la forêt abrite pour toujours une faune et une flore d'une grande richesse.

Agua Limpa et Florestas do Futuro œuvrent pour que la nature soit, pour nos enfants, cette même source d'émerveillement qu'elle a été pour moi tout le temps où j'ai grandi au Brésil. Existe-t-il plus beau cadeau que nous puissions leur faire ?

SERVICES RENDUS

— Si l'on additionne tout, couper les forêts devient une aberration économique qui coûterait 5 000 milliards de dollars !

Fragment de forêt primaire cerné par des champs de thé, Kenya.
Le Kenya figure parmi les premiers exportateurs mondiaux de thé, le pays consommant seulement 5 % de sa production. Pour le cultiver, de nombreux hectares de forêt ont dû être défrichés.

Les forêts donnent l'air que nous respirons, l'eau que nous buvons, la nourriture que nous mangeons. Elles devraient donc nous être précieuses. Mais, parce qu'elles nous offrent tout cela gratuitement, nous ne leur attribuons aucune valeur.

C'est un paradoxe que les experts veulent corriger. Ils s'attachent donc à évaluer ce qu'ils appellent les « services rendus par les écosystèmes ». Ce chantier est mené par plusieurs équipes de chercheurs, la plus importante étant une initiative internationale baptisée TEEB, The Economics of Ecosystems and Biodiversity (Rapport sur l'économie des écosystèmes et de la biodiversité), menée par l'économiste indien Pavan Sukhdev avec le soutien du Programme des Nations unies pour l'environnement (PNUE).

Ce n'est pas seulement une question de comptabilité. C'est un problème politique, social et écologique. Pour reprendre les termes des experts de la TEEB : « Cette sous-évaluation systématique de la valeur des services des écosystèmes et l'échec du système économique à saisir leur valeur sont les principales causes de la crise de la biodiversité actuelle. »

À quoi pourrait correspondre cette valeur ? Prenons l'exemple de Canberra, en Australie. On y a planté 400 000 arbres qui ont amélioré localement le climat et réduit la pollution de l'air. Cela a permis de diminuer les dépenses énergétiques pour la climatisation et ainsi de réaliser entre 20 et 67 millions de dollars d'économie sur la période 2008-2012. En négatif, la destruction des forêts sur l'île de Sulawesi, en Indonésie, a diminué le nombre d'insectes pollinisateurs, ce qui a conduit à une réduction de la production de café sur les terres voisines estimée à 18 % pour les 20 prochaines années. Chaque hectare coupé coûte ainsi 46 euros en moyenne par an !

Si l'on additionne tout, le coût de la déforestation à l'échelle planétaire serait compris entre 2 000 et 5 000 milliards de dollars. Bien que l'argent ne soit pas la seule mesure de l'importance des forêts, à cette échelle, ce n'est pas négligeable.

L'AUTRE POUMON DE LA PLANÈTE

— Les forêts servent non seulement à recycler l'oxygène, mais aussi à éliminer en partie la pollution atmosphérique.

Hong Kong, Chine.
L'escarpement des collines de Hong Kong a permis de préserver des fragments de forêts du développement urbain. Malgré tout, la ville souffre d'une importante pollution de l'air.

On a longtemps qualifié les forêts, et notamment la forêt amazonienne, de « poumon de la planète ». Cette assimilation doit être nuancée. D'abord, les forêts ne peuvent pas être comparées à un poumon, car, chez l'homme, celui-ci ne produit pas d'oxygène. Ensuite, on sait depuis plusieurs années que le titre de poumon de la planète ne revient pas aux forêts, mais aux océans. À l'échelle mondiale, c'est en effet le phytoplancton qui est le premier producteur d'oxygène, car il constitue une biomasse bien plus importante que celle des forêts. Enfin, les forêts dans lesquelles le volume de bois augmente produisent plus d'oxygène que de CO_2. Même dans les forêts matures, le bilan est positif, car la quantité d'oxygène produite par les plantes vivantes est supérieure à celle qui est consommée lors des processus de putréfaction et de combustion.

Quoi qu'il en soit, le bilan de ces échanges à l'échelle planétaire est largement bénéfique pour la vie sur terre, car, en moyenne sur un an, un hectare de forêt assimile de 5 à 10 tonnes de carbone et libère dans le même temps entre 10 et 20 tonnes d'oxygène.

En plus de ce rôle capital de recycleur d'oxygène, les forêts interviennent dans la qualité de l'air. Certaines essences sont en effet capables, grâce à leurs stomates (les orifices qui régulent les échanges gazeux entre l'extérieur et l'intérieur des feuilles) ou à leur cuticule (la fine couche qui recouvre et protège les feuilles), de capturer les polluants atmosphériques et de les éliminer. Les poussières qui proviennent des activités industrielles se déposent aussi sur les feuilles avant d'être lessivées par la pluie. Chaque arbre ayant une surface foliaire de plusieurs centaines de mètres carrés, ce sont donc des milliers d'hectares de feuilles qui servent de filtres et qui purifient l'air que nous respirons au quotidien.

C'est peut-être dans ce sens que le parallèle respiratoire est pertinent, car tout ce qui est filtré par ces poumons verts n'arrive pas dans les nôtres.

LE POULS CLIMATIQUE DE LA PLANÈTE

— Les forêts jouent un rôle considérable dans le climat planétaire et local.

Forêt vue du ciel au printemps, France. La floraison des arbres survient de plus en plus tôt en raison des changements climatiques. Cet avancement dans le cycle des saisons perturbe les espèces végétales et animales.

Chaque été, la concentration de CO_2 dans l'atmosphère de la planète diminue de 3 ppm sur 390 environ (ppm étant l'abrégé de partie par million) ; chaque hiver, elle augmente d'autant. Cette oscillation annuelle suit le cycle saisonnier de la végétation de l'hémisphère Nord. Car au nord, où se trouvent les deux tiers des terres émergées, l'activité photosynthétique des plantes – et l'absorption correspondante de carbone – est fortement ralentie en hiver alors qu'en été elle atteint son maximum. C'est dire l'importance des forêts dans la régulation de la composition de notre atmosphère.

À l'inverse, la destruction des arbres et les feux de forêts rejettent près de 18 % des émissions anthropiques de gaz à effet de serre dans l'atmosphère, le reste étant lié à la combustion des énergies fossiles (pétrole, charbon, gaz). Et ce n'est pas tout. Les forêts présentent un faible albédo : elles absorbent la lumière du soleil, et donc réchauffent la basse atmosphère. Si la terre était entièrement couverte de forêts, la température globale moyenne serait de 24 °C, au lieu de 15 °C actuellement.

Les forêts influencent également le climat à l'échelle locale, voire micro-locale. Les nuits sont, par exemple, moins fraîches en sous-bois au niveau du sol que dans la canopée. Inversement, les journées sont plus fraîches à proximité du sol qu'au-dessus des frondaisons. Dans les forêts tropicales humides, l'écart de température entre les deux strates atteint 5 °C en moyenne. L'hygrométrie et le régime des vents sont également différents selon que l'on se trouve sous forêt ou hors forêt, au sol ou au niveau de la voûte forestière.

Dans de nombreuses régions, la disparition du couvert forestier a profondément modifié le climat local, qui a tendance à s'assécher, à être plus chaud (du fait d'une moindre évapotranspiration) et présente des amplitudes de température journalières et annuelles plus marquées.

Si le climat influence les forêts, l'inverse est donc tout aussi vrai : les forêts transforment le climat.

UNE FABRIQUE DE BIODIVERSITÉ

__ À l'échelle de la planète, on estime que plus de la moitié des espèces végétales et animales sont des espèces forestières.

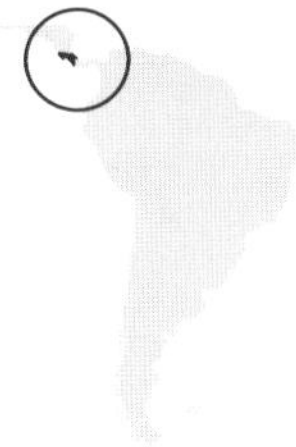

Face à face entre colibri et vipère arboricole, Costa Rica. Aidée par son camouflage, la vipère arboricole peut attendre des heures avant qu'une proie ne passe à sa portée. Sa vitesse d'action et son venin ne laissent aucune chance à ses proies, même quand il s'agit d'un colibri en plein vol.

La première des raisons au grand nombre d'espèces forestières végétales ou animales est que les forêts sont une mosaïque de milieux et d'écosystèmes. De la canopée, la strate supérieure constituée par les frondaisons des grands arbres, au sol et sous-sol forestiers, chaque étage offre des conditions d'éclairement, d'humidité et de température très différentes qui constituent autant de niches écologiques occupées par des espèces très spécialisées. C'est surtout vrai dans les forêts tropicales.

Ainsi, en Amazonie, on trouve sur un seul hectare de forêt jusqu'à 300 essences d'arbres différentes, plus que dans l'Europe toute entière. Et sur les frondaisons d'un seul arbre (dans une forêt humide du Panama) quelque 1 200 espèces de coléoptères.

Une hypothèse est avancée pour expliquer cette stupéfiante biodiversité : au cours des glaciations, les forêts tropicales ont été des zones refuges isolées et morcelées pour les espèces végétales et animales. Séparées les unes des autres pendant de nombreuses générations, ces dernières ont évolué de manière différente, à tel point que, lors de la recolonisation des continents pendant les périodes interglaciaires, animaux et plantes n'étaient plus en mesure d'échanger leurs gênes.

Autre facteur de diversité : cette richesse des écosystèmes forestiers a multiplié les cas de co-évolution entre des espèces qui entretiennent des relations de prédation, mais aussi de coopération, voire de symbiose. Le phénomène a été mis en lumière par Charles Darwin. En observant la fleur très profonde d'une orchidée malgache, il prédit ainsi, en 1862, l'existence d'un papillon avec une trompe d'une longueur correspondante : 28 cm, un record. Ce papillon de nuit n'a été découvert que 40 ans plus tard...

Toutes ces raisons expliquent que la liste des « points chauds » de la biodiversité – qui concentrent une forte biodiversité et qui sont aujourd'hui menacés par l'homme – compte, pour l'essentiel, des biomes (ou grands milieux) forestiers.

LA REVANCHE DES MANGROVES

__ **Quoique mal-aimées, les mangroves** sont de véritables nurseries aquatiques.

Jeune crocodile de mer (*Crocodylus porosus*) dans une mangrove, Indonésie.
Plus grand membre de la famille des crocodiles, le crocodile marin est aussi celui qui s'est le mieux adapté aux milieux marins salés.

Les mangroves ont longtemps été perçues par les hommes comme des marécages malodorants, inutiles et sans valeur. Souvent infestées de moustiques, avec la particularité d'être inondées et inondables par la mer et les eaux continentales, ces forêts que l'on trouve le long des côtes des régions tropicales n'ont pas bonne réputation. Pourtant, elles sont l'un des écosystèmes les plus riches et les plus productifs de la planète.

Les racines enchevêtrées des palétuviers, l'arbre emblématique des mangroves, offrent un précieux refuge pour les espèces vulnérables et constituent une nurserie pour les poissons juvéniles, à l'abri des prédateurs. À l'interface entre la terre et la mer, ces forêts amphibies abritent également de nombreuses espèces terrestres. On y rencontre des oiseaux, des singes, des reptiles, des biches et, au Bangladesh, les Sundarbans – la plus grande mangrove du monde – sont même l'un des derniers refuges pour le tigre du Bengale.

Un pied dans la mer, l'autre sur terre, les mangroves servent également de bouclier et protègent les littoraux de l'érosion et des catastrophes naturelles. Le réseau dense de racines des palétuviers empêche les sédiments charriés par les fleuves de se déverser dans la mer et stabilise la berge, tandis que les troncs et les branches servent de brise-lames et réduisent la puissance des vagues. Une étude réalisée en Thaïlande a ainsi montré que les régions où les mangroves avaient été sacrifiées ou endommagées par les activités humaines figuraient parmi les plus touchées par le tsunami de décembre 2004.

Essentielles pour des milliers de communautés côtières, les mangroves ont pourtant perdu un quart de leur superficie en moins de 20 ans, soit 3,6 millions d'hectares, principalement en Asie. Aujourd'hui, il semble cependant que l'homme ait pris conscience de leur valeur écologique, économique et sociale. Au Bangladesh, leur superficie est même en augmentation, mais ce n'est encore qu'une exception.

DES CHÂTEAUX D'EAU NATURELS

— Les forêts jouent un rôle important dans la lutte contre les inondations et, en cas de pénurie d'eau, elles restituent l'eau absorbée.

Rivière et forêt humide de plaine, vallée de Danum, province de Sabah, Malaisie. Longtemps inaccessible à l'homme en raison de la forêt primaire qui l'encerclait, la vallée de Danum est devenue, en 1985, une réserve unique pour la protection et l'étude de la forêt humide de plaine malaisienne.

Été 1998, la Chine connaît les pires inondations de son histoire : les crues du Yangzi Jiang, le plus long fleuve d'Asie, font près de 3 000 victimes, 14 millions de déplacés et près de 30 milliards de dollars de dégâts. Le gouvernement chinois accuse rapidement la déforestation en amont du fleuve et interdit dans la foulée l'exploitation des forêts rescapées. En effet, les arbres, l'humus et les débris végétaux absorbent la pluie et ralentissent le ruissellement des eaux de surface, tandis que les racines retiennent les sols.

La Chine n'est pas un cas isolé. Partout dans le monde, de nombreux pays comme la France ou l'Indonésie ont appris à leurs dépens que les forêts étaient un moyen efficace de prévenir et de lutter contre les inondations et les coulées de boue en régulant les flux d'eau.

Dans les situations inverses, en cas de pénurie d'eau, les forêts jouent aussi un rôle positif : l'eau qu'elles captent s'infiltre dans le sol pour recharger aquifères (nappes d'eau) et rivières souterraines. L'eau est restituée doucement et joue un rôle crucial en période de sécheresse. C'est ainsi que dans le nord du Kenya, non loin du lac Turkana, au milieu d'une des régions les plus désertiques d'Afrique de l'Est, le mont Kulal compte une douzaine de sources qui approvisionnent en eau les villages des alentours et qui n'existent que grâce aux forêts.

Enfin, les forêts aident également à purifier l'eau : plusieurs grandes villes ont choisi de protéger les forêts qui les entourent pour fournir une eau de qualité à leurs habitants. Un exemple, et non des moindres, est la ville de New York qui a ainsi préféré restaurer l'état d'origine de son bassin hydrographique plutôt que de construire une coûteuse station de potabilisation. La ville fournit ainsi à ses habitants une eau naturellement saine.

D'après l'évaluation des écosystèmes pour le millénaire, plus de 60 millions d'Américains dépendent des forêts pour l'approvisionnement en eau potable, un service estimé à 3,7 milliards de dollars par an.

LES BOUCLIERS DU SOL

— En Haïti, la déforestation a appauvri la paysannerie, montrant la relation entre protection des écosystèmes et lutte contre la pauvreté.

Racine en contrefort, forêt de Daintree, Australie. Plus vaste forêt tropicale humide australienne, Daintree est aussi l'une des plus anciennes forêts du monde. Âgée de plus de 100 millions d'années, elle a été ajoutée à la liste du patrimoine mondiale de l'Unesco.

Les difficultés humanitaires et sociales en Haïti sont, malheureusement, le meilleur exemple qui soit de l'importance des forêts. Les forêts, qui couvraient 60 % du pays au début du siècle dernier, ont disparu et seul 2 % du couvert forestier subsiste aujourd'hui. Abattus pour leur bois, qui est utilisé sous forme de charbon pour cuire la nourriture d'une population croissante les arbres assuraient pourtant une fonction écologique inestimable – l'entretien et la protection des sols – que leur disparition met en évidence.

Dépourvus d'un couvert végétal suffisant, les sols, que les racines des arbres ne sont plus là pour retenir, sont emportés par la forte érosion qui sévit dans ce pays montagneux – tout particulièrement pendant la saison des ouragans.

Les pluies emportent avec elles, dans les rivières, l'humus, cette couche organique fine qui forme comme une litière pour les végétaux et leur fournit les nutriments indispensables via la décomposition et le recyclage permanents de la matière organique. L'agriculture devient impossible sur l'essentiel des sols ; les terrains en pente glissent en coulées de boue parfois meurtrières.

La population fuit les zones rurales, qui ne peuvent désormais plus assurer leur subsistance, et afflue dans les bidonvilles ; le pays, déjà confronté à une histoire difficile, devient le plus pauvre d'Amérique. Quand un séisme touche le pays, les conséquences en sont encore plus catastrophiques. Le contraste avec la République dominicaine, de l'autre côté de l'île, qui a réussi à protéger ses forêts et qui prospère, devient chaque jour plus marquant. Il rappelle combien la protection ou la restauration des écosystèmes peuvent jouer un rôle essentiel dans la lutte contre la pauvreté.

Dans le monde, 8 % des forêts ont pour rôle principal la protection des sols et des eaux. Ces 330 millions d'hectares boisés servent au contrôle des avalanches en montagne, à la protection des côtes en cas de raz-de-marée, à la stabilisation des dunes et également de barrière face à la désertification.

DES REMPARTS CONTRE LE DÉSERT

— Les projets de ceinture ou de muraille verte permettent de lutter contre la désertification.

Opération de boisement, Ningxia, Chine.
Dans cette province, la ceinture verte plantée au milieu des années 1990 vise à stabiliser les dunes. Il s'agit d'un vaste programme d'afforestation pour stopper l'avancée du désert et les tempêtes de sable.

Le ciel s'obscurcit et se charge de poussières rougeâtres, l'horizon devient orangé et la visibilité se réduit à quelques dizaines de mètres : Pékin, capitale de l'une des toutes premières puissances mondiales, est paralysée par une tempête de sable. La perturbation peut toucher plusieurs régions pour atteindre 800 000 km^2 (plus que la surface de la France) et affecter 250 millions de personnes. En une seule nuit, la tempête peut déverser 300 000 tonnes de poussières sur la capitale. Pourtant, le désert le plus proche est à 800 km.

Le phénomène est ancien et naturel, et n'est pas propre à la Chine. Mais, à Pékin, le nombre de tempêtes de sable a été multiplié par six en 50 ans, pour atteindre une douzaine par an. La dégradation des terres liée au surpâturage et à la déforestation est accusée. Elle entraîne l'érosion des sols, la libération de poussières dans l'air. De plus, la baisse du couvert végétal modifie le cycle de l'eau et diminue les précipitations. Les tempêtes ne sont ainsi que l'une des manifestations de la désertification qui, en rendant plus difficile l'agriculture, menace la sécurité alimentaire de 1,5 milliard de personnes sur la planète.

Contre ce phénomène, la meilleure arme est la forêt : elle fixe les sols et stoppe les poussières. De nombreux programmes de reforestation ont donc été mis en place. En Chine, le plus célèbre d'entre eux a pris le nom de Grande Muraille verte : elle s'étend sur plus de 4 000 km de long et sa construction devrait durer jusqu'en 2074.

En Afrique, des projets de « ceintures vertes », plus limités ou disséminés, connaissent un certain succès, comme au Niger ou en Mauritanie. Autour de Nouakchott, par exemple, la progression des dunes a été stoppée grâce à un système de palissades destiné à bloquer l'ensablement, le temps qu'un couvert végétal se développe. Des bosquets brise-vent ont été établis. Les plantations servent aussi au développement de l'agriculture en fixant les sols ou comme pâturage et font ainsi participer les communautés locales, un gage du succès de ces programmes.

PROTÉGER LES FORÊTS POUR PRÉSERVER LE CLIMAT

— 18 % des émissions de gaz à effet de serre sont liées à la déforestation.

Cendres d'un arbre près des monts Gorohoui Kongoli, Côte d'Ivoire.
Allumés par des éleveurs ou des cultivateurs, les feux débroussaillent la savane. Les cendres, agissant comme un engrais naturel, stimulent la régénération rapide des plantes fourragères et des pâtures.

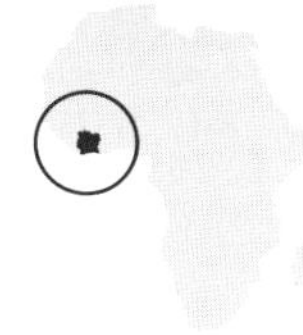

Dans la lutte contre le réchauffement climatique, l'espèce humaine dispose d'un allié précieux : les végétaux chlorophylliens qui, grâce à la photosynthèse, absorbent les molécules de CO_2 présentes dans l'atmosphère. À leur mort, les végétaux sont décomposés et digérés par de petits organismes vivants, le carbone est ainsi progressivement transféré dans le sol, à moins qu'il ne soit réémis par fermentation. C'est ce que l'on appelle le « cycle du carbone ».

Pendant la période où le carbone est stocké dans le végétal, on dit de lui qu'il est « piégé », ou encore « séquestré ». Et tant qu'il ne retourne pas dans l'atmosphère sous forme de gaz, il n'accentue pas les changements climatiques. On parle alors du végétal comme d'« un puits de carbone », un rôle que remplissent également les sols et, grâce à la photosynthèse des algues, les océans.

La nature est donc capable de stocker un trop-plein de carbone atmosphérique en le recyclant dans la roche ou dans la matière vivante comme c'est le cas pour les forêts. Ces derniers siècles, l'homme a émis des milliards de tonnes de carbone, dont seulement 43 % aurait réellement contribué à l'augmentation de l'effet de serre. Le reste a été absorbé par les océans, les sols et les forêts. Bien que l'estimation des quantités stockées par ces puits naturels soit difficile, on les évalue à plus de trois fois celles qui sont présentes dans l'atmosphère.

Le réchauffement climatique diminue la capacité des forêts à stocker le carbone. Par ailleurs, en brûlant les forêts pour l'agriculture, l'élevage ou pour en exploiter les ressources, l'homme libère du carbone séquestré parfois depuis des siècles. 18 % des émissions de gaz à effet de serre sont ainsi liées à la déforestation. C'est davantage que le secteur des transports et à peine moins que celui de l'industrie. C'est pourquoi les puits de carbone sont parfois qualifiés de « bombes climatiques à retardement ». C'est aussi la raison pour laquelle la protection des forêts existantes s'avère un enjeu particulièrement crucial.

18 %

environ des émissions mondiales de gaz à effet de serre provienent de la déforestation.

LA **DÉFORESTATION** EST DONC L'UN DES TOUT PREMIERS **FACTEURS DU RÉCHAUFFEMENT CLIMATIQUE.**

5-10

tonnes de carbone sont assimilées par un hectare de forêt en un an.

DANS LE MÊME TEMPS, CET HECTARE LIBÈRE **ENTRE 10 ET 20 TONNES D'OXYGÈNE** GRÂCE À LA **PHOTOSYNTHÈSE.**

[Carte page de droite]
Les forêts renferment des quantités énormes de carbone. Rien que dans leur biomasse, elles en contiennent 289 gigatonnes. Cette quantité est en légère régression, principalement à cause de la diminution des surfaces forestières.

STOCKS DE CARBONE FORESTIERS PAR RÉGION

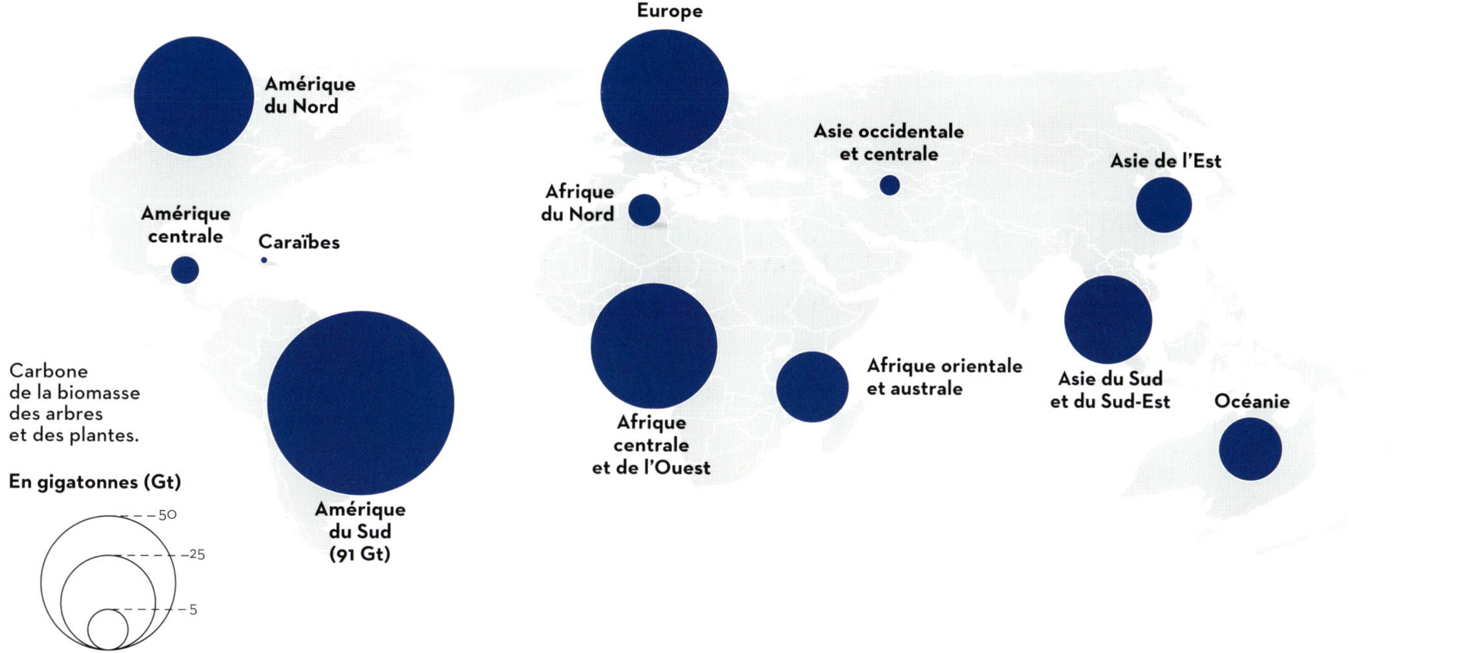

147

mille kilomètres carrés seulement sont occupés par des mangroves dans le monde.

POURTANT, ELLES JOUENT **UN RÔLE ESSENTIEL** DANS LES CYCLES DE VIE DE LA MAJORITÉ DES **ESPÈCES COMMERCIALES DE POISSONS** DE LA PLANÈTE.

9

millions de New-yorkais boivent une eau purifiée naturellement par les forêts.

APPROXIMATIVEMENT, 90 % DE L'**EAU** DE LA VILLE DE NEW YORK EST **FILTRÉE NATURELLEMENT PAR LES FORÊTS** ET LEURS SOLS. ET CELA POUR UN COÛT BIEN MOINDRE QUE CELUI D'UNE USINE DE POTABILISATION.

[Carte page de droite]
Les mangroves mettent à disposition des hommes un bois de construction imputrescible, forment des défenses naturelles contre l'érosion ou les dégâts des cyclones et tsunamis. Elles constituent également de véritables nurseries pour les poissons, crustacés et coquillages : elles sont à l'origine de 30 % des prises de poisson ou de presque 100 % des prises de crevettes dans les pays d'Asie du Sud-Est, ou encore de 75 % des pêches commerciales dans la région du Queensland, en Australie.

LOCALISATION DES MANGROVES DANS LE MONDE

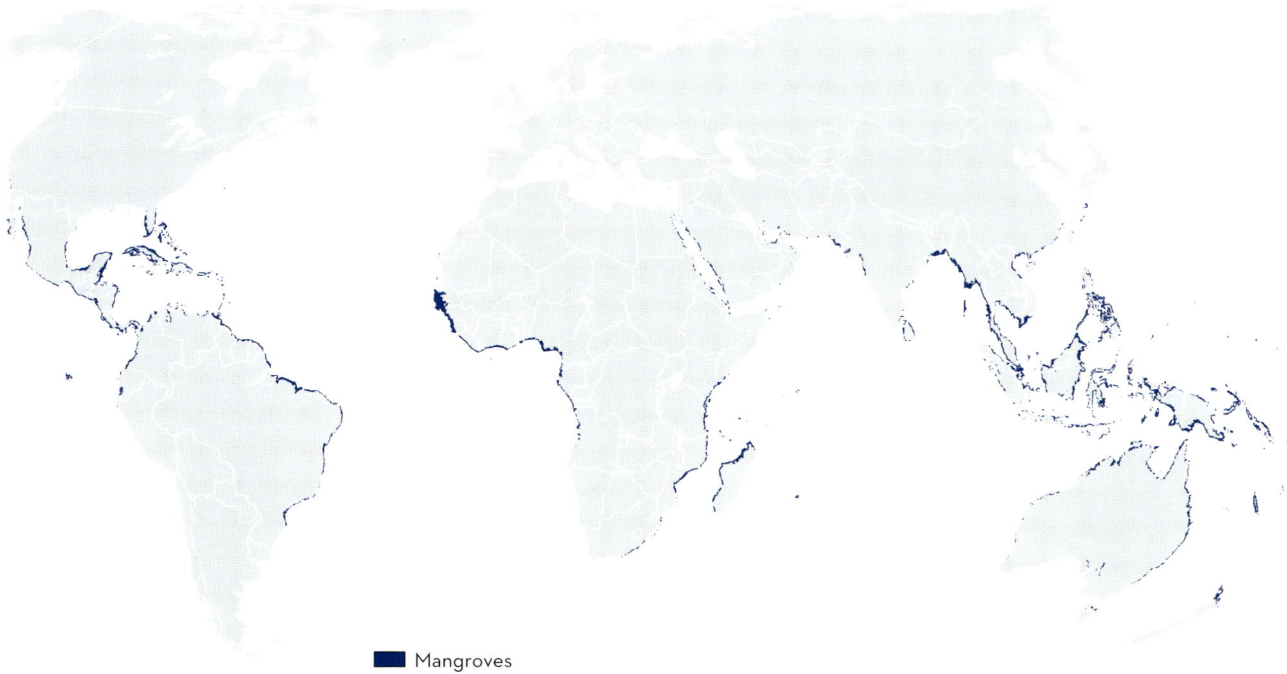

5 MENACES

« Lorsque l'homme aura coupé
le dernier arbre, pollué
la dernière goutte d'eau,
tué le dernier animal,
pêché le dernier poisson,
alors il se rendra compte que
l'argent n'est pas comestible. »

PROVERBE CRI
(peuple indien d'Amérique du Nord)

LA POLITIQUE DE L'EXTINCTION

[Pages précédentes]
Construction de la Transamazonienne, Brésil.
Commencée dans les années 1970, la construction de cette route reliant le Pérou à l'Atlantique a déjà causé de grands dégâts alors qu'elle n'est toujours pas terminée.

Récemment nommé ambassadeur de bonne volonté du PNUE, je découvre actuellement le comment du pourquoi des menaces qui pèsent sur notre planète. Les données scientifiques relatives à ces menaces ont quelque chose d'intimidant, mais elles me paraissent irréfutables, à moi qui observe les changements survenus dans mon environnement proche depuis que je suis né, dans les villes où j'ai grandi et dans les endroits les plus reculés de la planète que j'ai pu visiter.

Mon métier d'acteur et mes actions humanitaires m'ont donné l'occasion de constater les effets dévastateurs de la raréfaction des ressources, du Rwanda au Darfour. Cette année, au large des côtes américaines, nous avons subi la pire marée noire de l'histoire de l'humanité. Toutes ces expériences expliquent qu'il ne me soit pas difficile d'appréhender la véritable nature des dangers que nous courons si nous continuons à puiser dans les ressources de la terre sans lui laisser le temps de les régénérer. La décision qui consiste à protéger la nature et à vivre de façon plus raisonnée ne relève pas d'une démarche ésotérique, mais d'une volonté parfaitement égoïste de ne pas scier la branche sur laquelle nous sommes assis.

Bien que l'impact de l'homme sur l'environnement soit partout présent, celui qui me frappe le plus, à la fois par son ampleur destructrice et par la richesse de l'écosystème qui est touché, est celui que nous avons sur les forêts. Mais la bonne nouvelle, c'est que nous n'avons jamais disposé d'autant d'informations sur les innombrables bienfaits des forêts et, au-delà de leur protection même, nous commençons aujourd'hui à restaurer des habitats détruits et à les transformer en écosystèmes viables.

J'ai été ému par une démarche de reboisement qui touche une région particulièrement riche en ressources naturelles, mais qui,

DON CHEADLE
Ambassadeur de bonne volonté du PNUE

Don Cheadle, acteur américain récompensé par plusieurs prix, est particulièrement connu pour le rôle qu'il a tenu dans le film *Hôtel Rwanda* où il jouait un hôtelier pendant le génocide rwandais. Il est très actif dans la lutte contre le génocide qui a lieu dans la région soudanaise du Darfour et a coécrit un livre sur le sujet intitulé *Not on Our Watch*. Afin d'agir aussi au niveau individuel, il vit dans une maison solaire, utilise de l'eau filtrée plutôt que de l'eau en bouteille et possède une voiture hybride.

depuis longtemps, est confrontée à la pauvreté : les Appalaches. Cette région, située dans l'est des États-Unis, compte quelque 23 millions d'habitants, mais l'exploitation de ses mines de charbon a laissé un paysage meurtri dans une zone où les forêts abritent l'une des biodiversités les plus riches du monde en régions tempérées.

L'initiative régionale de reboisement des Appalaches (ARRI) a été créée dans le but de reboiser des territoires miniers en activité ou abandonnés. Depuis 2007, plus de 40 millions d'arbres ont ainsi été plantés par des bénévoles sur plus de 35 000 hectares à travers les États miniers de la région. Suite au succès de cette initiative, il a été proposé de planter 125 millions d'arbres au cours des cinq prochaines années, ce qui restaurerait les forêts sur environ 70 000 hectares, créerait plus de 2 000 emplois verts et séquestrerait entre trois et cinq fois plus de carbone que les prairies actuelles. Dans une région où le chômage est élevé et l'environnement dégradé, toute solution permettant d'augmenter la richesse locale et de créer des emplois, tout en entretenant la biodiversité et en aidant les écosystèmes à se reconstituer, est évidemment précieuse.

Le PNUE espère que ce projet va lui permettre de remplir l'objectif qu'il s'est fixé à travers la campagne pour 1 milliard d'arbres et qui est de planter un arbre par citoyen américain, soit 320 millions, et de servir de modèle à d'autres initiatives locales d'envergure. Quant à moi, j'espère contribuer à sensibiliser les individus à ce sujet et souhaite que le succès de ce type de projets donnera envie à beaucoup de s'informer et d'apporter leur pierre à l'édifice.

LE SENS DES CHIFFRES

— Selon les modes de calcul, on passe de 5,2 millions d'hectares déforestés par an à 13 millions.

Bûcherons dans la partie orientale de l'île de Madagascar. À Madagascar, la déforestation s'explique par trois activités : la culture sur brûlis, l'exploitation forestière et la production de combustible et de charbon de bois pour les usages domestiques.

Toutes les 4 secondes, l'équivalent d'un terrain de football de forêt disparaît à cause de la déforestation. Soit 15 000 hectares par jour environ ou 5,2 millions d'hectares par an. Mais, pour autant que ce rythme soit inquiétant, il pourrait être sous-estimé.

Tout d'abord, pour une question de définition. La déforestation de la taïga, souvent illégale et mal connue, atteint 2 millions d'hectares par an selon la WWF, soit autant qu'en Amazonie. Mais ces coupes ne seraient pas comptabilisées par la FAO, l'agence des Nations unies pour l'alimentation et l'agriculture.

Ensuite, parce que la dégradation de la forêt n'est pas comprise dans ces chiffres. Cette dégradation correspond à la coupe de certains arbres ou de leurs branches, à la détérioration des écosystèmes. Mais tant qu'un certain couvert est maintenu, que certains arbres restent en place, ce n'est pas comptabilisé comme de la déforestation.

Enfin, parce qu'il est difficile d'évaluer précisément les surfaces détruites. Le recours aux images satellite offre une aide précieuse, mais il n'est pas toujours aisé de confronter ces images à l'observation sur le terrain : aussi, les chiffres sur la déforestation au Brésil, par exemple, varient-ils considérablement selon les techniques utilisées pour l'estimer. Même le résultat global reste un trompe-l'œil, car il ne s'agit là que d'un bilan qui prend en compte la reconversion des forêts en plantations, moins riches en biodiversité. Ainsi, la perte nette de forêt s'élève à 5,2 millions d'hectares par an de 2000 à 2010, mais, si l'on ôte les plantations de ce calcul, la déforestation atteint 13 millions.

Il s'agit là, malgré tout, presque d'une bonne nouvelle. Car, selon ce mode de calcul, qui a le mérite d'offrir à tous une référence commune, le rythme de la déforestation s'est réduit : il était de 16 millions d'hectares par an sur la précédente décennie.

MANGER LA FORÊT PAR PETITS BOUTS

— L'augmentation de la consommation de viande est responsable de 80 % de la destruction de la forêt amazonienne.

Paysage de champs colorés près de Sarraud, Vaucluse, France.
Dans cette région, les champs de lavande s'épanouissent sous la chaleur et la sécheresse de l'été méditerranéen.

La déforestation commence dans nos assiettes. Pour une raison souvent insoupçonnée : la consommation mondiale de viande. À l'extension des cultures céréalières et à celle des cultures d'exportation comme le café ou le cacao s'ajoute désormais celle de l'élevage, encouragée par l'augmentation de la demande. Celle-ci a doublé en 20 ans et pourrait doubler encore d'ici à 2050.

Si le fait que des populations sous-alimentées ou mal nourries accèdent à une alimentation plus riche est une bonne nouvelle, il a son revers. L'élevage requiert des surfaces importantes : c'est, de toutes les activités humaines, celle qui utilise le plus de terres. Les pâturages occupent 26 % de la surface émergée de la terre tandis que la production fourragère nécessite environ un tiers des terres arables.

En effet, nourrir les animaux dans les élevages intensifs – c'est-à-dire dans des conditions souvent effroyables – exige de grandes quantités de céréales. Pour produire 1 kg de viande de bœuf, il en faut 7 de soja ou de maïs – 2 kg seulement pour du poulet. Or, les terres où est cultivé le soja sont aujourd'hui, pour l'essentiel, prises à la forêt amazonienne.

L'élevage est ainsi responsable d'environ 80 % de la destruction de la forêt amazonienne, contre 14 % dans le monde ; rien qu'au Brésil, 10 millions d'hectares ont été déboisés pour l'élevage bovin entre 1996 et 2006.

Diminuer sa consommation de viande pour ceux qui en mangent plusieurs fois par semaine est donc un moyen facile et efficace de protéger la planète. Et, à défaut de diminuer sa consommation de viande en général, chacun peut au moins choisir de la viande labellisée pour tenir compte de l'environnement et du bien-être de l'animal, voire passer du bœuf à des viandes moins polluantes, comme la volaille.

Aider l'environnement, c'est aussi s'aider soi-même, car une consommation excessive de viande favorise de nombreux troubles de santé : obésité, cancers ou maladies cardio-vasculaires.

LES FEUX DE FORÊT

— 1 % des forêts de la planète brûlent chaque année.

Incendie de forêt en 2010, Russie. Plus de 1 million d'hectares de forêts sont partis en fumée au cours des incendies de l'été 2010, exceptionnellement sec et chaud dans ce pays.

En moyenne, 350 millions d'hectares de végétation brûlent chaque année dans le monde, soit environ 1 % des forêts. En Russie, en Australie, en Grèce, les mêmes images spectaculaires de brasiers, de bombardiers à eau et d'habitations menacées reviennent. Avec, parfois, leur lot de victimes.

Les feux qui s'inscrivent dans un cycle naturel et ancestral peuvent jouer un rôle positif pour l'écosystème en lui permettant de se régénérer. La forêt méditerranéenne, par exemple, est un écosystème qui a évolué en fonction du feu, car certaines plantes comme les pins comptent sur la chaleur du feu pour faire éclater leurs pommes de pin et libérer leurs graines volantes. Dans une forêt plus dense, le feu est l'occasion de former des clairières qui vont permettre à des espèces différentes de s'épanouir.

Mais, si les feux peuvent survenir de façon naturelle sous l'effet de la foudre ou d'une éruption volcanique, l'homme en déclenche la plupart. Le plus souvent pour défricher des terres ou pour pratiquer le brûlis. Quelquefois involontairement, par négligence. En Méditerranée, où le maquis et la garrigue dominent, 95 % des incendies ont une origine humaine.

Les incendies – en particulier ceux de très grande ampleur – provoquent de vastes nuages de fumée qui peuvent devenir toxiques. Ce fut le cas, en 2010, en Russie (avec un bilan sanitaire encore inconnu), mais aussi à la fin de l'année 1997, avec les feux qui ont ravagé des centaines de milliers hectares de la forêt primaire de l'île de Bornéo et qui ont créé un nuage recouvrant l'Asie du Sud-Est pendant plusieurs mois.

En plus des effets sur la santé, la combustion des forêts rejette d'importantes quantités de gaz à effet de serre, participant donc au réchauffement climatique. Or, avec l'effet de serre, le nombre et la fréquence des feux de forêt risquent d'augmenter. Alors qu'ils étaient un élément naturel de leur régénération, les feux de forêt deviennent un agent de leur disparition.

LA DÉFORESTATION INCIDENTE

— Exploitations minières ou barrages entraînent la destruction des forêts.

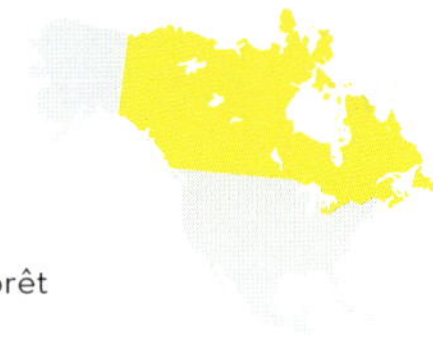

Dépôts de goudron dans un bassin après extraction des sables bitumineux, Fort McMurray, province de l'Alberta, Canada.
Leur extraction détruira des millions d'hectares de la forêt boréale située dans le bassin de la rivière Athabasca.

Parfois, on coupe la forêt juste parce qu'elle gêne pour accéder aux ressources du sous-sol. C'est une forme de « déforestation incidente » dans laquelle couper les arbres n'est qu'une conséquence secondaire : le bois, ainsi détruit, est souvent laissé à l'abandon. Au Canada, par exemple, l'extraction des sables bitumineux pour produire du pétrole entraîne la destruction d'une partie de la forêt boréale, rasée à coup de bulldozers. Aux États-Unis, dans les Appalaches, les nouvelles techniques d'extraction du charbon reposent sur le dynamitage du sommet des collines, assorti de la destruction des forêts sur leurs cimes.

Si les mines à ciel ouvert balafrent les forêts, les nombreux résidus issus de l'exploitation du sous-sol font de même, que ce soient les boues toxiques, comme c'est souvent le cas avec les mines d'or, ou simplement les terrils. À titre d'exemple, la mine géante de OK Tedi, au cœur de la forêt de Papouasie-Nouvelle-Guinée, a généré jusqu'à 90 millions de tonnes de déchets par an – sans parler des pollutions accidentelles. En Amazonie, c'est l'orpaillage et l'emploi de substances toxiques comme le mercure qui présentent un danger.

Très souvent, les projets miniers situés au cœur des forêts sont associés à des barrages, car, en ces lieux isolés, eux seuls peuvent fournir l'énergie nécessaire à leur fonctionnement. Mais, que ce soit le cas ou non, les larges retenues d'eau que requièrent les grands barrages amènent souvent l'engloutissement de forêts. En Malaisie, le barrage de Bakun va ainsi inonder près de 700 km² de forêts primaires. En Guyane française, le barrage du Petit Saut a nécessité l'inondation de 320 km² de forêts pour son réservoir.

Une fois l'exploitation du site terminée, la zone est parfois restaurée par l'entreprise. Mais c'est trop rarement le cas. Aussi, cette déforestation incidente, même quand elle ne concerne que des surfaces réduites, montre le peu de cas qui est fait de la forêt et le peu de valeur qu'on lui accorde encore aujourd'hui.

L'HUILE DE PALME

La demande croissante en huile de palme est responsable de la déforestation des forêts indonésiennes.

Nouvelle plantation de palmiers à huile près de Pundu, Bornéo, Indonésie. Sur l'île de Bornéo comme sur celle de Sumatra, des forêts entières sont déboisées et converties en plantations de palmiers à huile.

Avec plus de 1,2 million d'hectares de forêts déboisées chaque année depuis 1990, l'Indonésie est le pays le plus touché par la déforestation après le Brésil. Sur l'île de Sumatra, 85 % des forêts ont ainsi été coupées et converties en plantations de palmiers à huile.

En raison de son faible coût, l'huile de palme est l'huile la plus consommée dans le monde. On la trouve principalement dans l'alimentation (huile de friture, barres chocolatées, chips, biscuits, pâtes à tartiner, soupes, plats cuisinés...), mais aussi dans d'autres produits de la vie quotidienne (savons, bougies, maquillage...). Elle sert également pour les agrocarburants, quoique cet usage reste marginal, pour l'instant. Depuis 30 ans, la production mondiale a été multipliée par deux tous les 10 ans, pour atteindre près de 47 millions de tonnes en 2010. Résultat : entre le début des années 1990 et aujourd'hui, les surfaces de plantations ont doublé en Malaisie et quintuplé en Indonésie.

Cette conversion des forêts en plantation de palmiers à huile n'est pas sans conséquence. L'extraordinaire biodiversité qu'abrite la forêt tropicale indonésienne (11 % des espèces de plantes connues, 10 % des mammifères et 16 % des oiseaux) disparaît peu à peu, et certaines espèces emblématiques comme l'orang-outan, privées de leur habitat, sont au bord de l'extinction. À Sumatra, il n'en resterait plus que 3 000 à 5 000, contre 100 000 il y a moins d'un siècle. De leur côté, les populations locales qui vivent de la forêt se voient dépossédées de leurs terres et privées de leurs moyens de subsistance. Enfin, la destruction des forêts et des tourbières s'accompagne du rejet de grandes quantités de gaz à effet de serre, faisant de l'Indonésie le 3e émetteur au monde de ces gaz, ce qui contribue au changement climatique.

Sous la pression d'associations, plusieurs industriels ont décidé de bannir l'huile de palme de leurs produits. Malgré cela, la demande reste forte et devrait encore augmenter. D'ici 2022, 98 % des forêts d'Indonésie pourraient ainsi disparaître.

PRÉCIEUX, TROP PRÉCIEUX

— Plus de 20 % des bois tropicaux importés en Europe sont illégaux. Leur exploitation met en danger plusieurs espèces.

Exploitation forestière, Cameroun.
En termes d'essences à valeur commerciale, les forêts du Cameroun font partie des plus riches d'Afrique, augmentant ainsi les risques de trafic du bois.

Les forêts tropicales abritent des dizaines de milliers d'essences d'arbres. Certaines d'entre elles, utilisées pour la fabrication de meubles, d'objets décoratifs ou d'instruments de musique, sont particulièrement précieuses et font l'objet d'une exploitation importante. Ce sont, par exemple, les différentes espèces d'acajou, d'ébène, de palissandre, de merbau. Leur exploitation met en danger non seulement l'espèce, mais aussi toute la forêt, car, pour accéder à un seul arbre, les bûcherons ouvrent des routes et chemins, et coupent parfois plusieurs hectares.

Aujourd'hui, un certain nombre de ces arbres figure sur la liste rouge des espèces menacées d'extinction établie par l'Union internationale pour la conservation de la nature (UICN) ou sur celle des espèces contrôlées par la Convention sur le commerce international des espèces de faune et flore sauvages (CITES). Mais la demande, en constante croissance, engendre le commerce illégal.

Le trafic profite de l'instabilité politique ou de la faiblesse des gouvernements, ou tout simplement de la difficulté qu'il y a à contrôler des territoires immenses et peu peuplés. Ces bois illégaux passent d'intermédiaire en intermédiaire, d'un bout à l'autre de la planète : les grumes peuvent, par exemple, être coupées au Cameroun, travaillées en Chine et le bois finir par être vendu en France.

Le marché est lucratif. Un mètre cube de bois de rose, une variété de palissandre extrêmement prisée, peut être vendu 3 000 euros en Asie : même en prenant en compte les marges des intermédiaires, un arbre peut donc représenter une somme importante pour des populations locales.

Dans l'Union européenne, plus de 20 % du bois et des produits forestiers importés seraient illicites (soit plus de 360 millions de mètres cubes). En France, ce serait 40 %. Fin 2010, l'Union européenne a donc adopté un texte (baptisé en abrégé FLEGT) qui entrera en vigueur en 2013 et qui devrait obliger les importateurs de bois à prouver l'origine légale de leur marchandise. Reste à voir s'il sera efficace.

FBI
STIHL

LA BATAILLE DE L'OR VERT

— La Convention sur la diversité biologique tente de contrôler la biopiraterie en offrant un cadre juridique.

Papillons, État du Michohacán, Mexique. Les papillons monarques sont des papillons migrateurs. Deux fois par an, ils font le trajet entre la région des Grands Lacs au nord des États-Unis et la forêt de sapins sacrés dans l'État du Michohacán. C'est la plus grande migration d'insectes connue.

Avec un volume estimé à environ 20 milliards de dollars par an, le trafic d'espèces occupe le 3e rang des commerces illicites après celui des armes et des stupéfiants. Il inclut la contrebande des produits dérivés des animaux morts (ivoire d'éléphant, peau de tigre...) et fait peser une menace évidente sur les écosystèmes. Mais le pillage des forêts s'étend également à l'appropriation frauduleuse des connaissances des peuples autochtones lorsqu'une société commerciale dépose un brevet sur une molécule issue de leur savoir traditionnel. C'est ce que l'on appelle la « biopiraterie ».

Les exemples sont nombreux : la quinine (un antipaludique, extrait de l'écorce de quinquina) ou un fongicide contenu dans les fruits du neem (ou margousier, un arbuste indien), ou encore l'émétine (un vomitif utilisé contre certains empoisonnements, tiré de la racine de l'ipéca, un arbrisseau brésilien).

Les peuples qui ont découvert ces plantes et tout ou partie de leurs usages possibles devraient recevoir une part des bénéfices, parfois considérables, qui en sont retirés par les entreprises qui les commercialisent. Si tel n'est pas le cas, l'entreprise qui dépose un brevet sur le savoir ancestral d'un peuple s'accapare celui-ci.

Depuis 1992, la Convention sur la diversité biologique signée à Rio de Janeiro par 190 pays stipule que l'accès aux ressources biologiques et génétiques doit recevoir le consentement préalable et éclairé du pays ou du peuple autochtone concerné. En outre, les deux parties doivent négocier un contrat pour définir équitablement le partage des bénéfices liés à la transformation de la plante en produit fini.

Mais l'application du texte reste complexe, les procès sont nombreux et difficiles pour les peuples indigènes, mal armés dans le monde juridique contemporain. En particulier parce que leur culture repose souvent sur la transmission orale et qu'ils ne disposent pas des éléments écrits leur permettant de prouver l'antériorité de leur découverte.

IVRES DE CARBONE

— Le changement climatique modifie les forêts en profondeur et les fragilise.

Forêt en automne, Auvergne, France. C'est dans cette région que l'on trouve l'une des plus belles chênaies d'Europe, la forêt de Tronçais, qui s'étend sur 11 000 hectares.

Si les forêts constituent un allié de poids dans la lutte contre le changement climatique en stockant des quantités considérables de carbone, elles en subissent aussi, d'ores et déjà, les effets. Certains sont positifs : avec des hivers moins longs, les arbres poussent plus longtemps et, avec d'avantage de CO_2 dans l'atmosphère qui favorise la photosynthèse, ils poussent plus vite. Depuis le début du siècle dernier, la productivité forestière a ainsi augmenté d'environ 40 % en Europe.

Le changement climatique redessine également le panorama forestier mondial. L'aire de répartition des espèces végétales dépendant en grande partie des températures et des précipitations, les essences forestières tendent à se déplacer vers des latitudes et des altitudes plus élevées.

Ces déplacements peuvent avoir une contrepartie négative. Tout d'abord, parce que certaines espèces ne disposent pas de capacités suffisantes d'adaptation et disparaîtront. Ensuite, parce qu'il n'y a pas que les arbres qui se déplacent, les ravageurs le font également et en profitent, comme la chenille processionnaire du pin ou le dendroctone du pin – qui détruit chaque année des millions d'hectares dans l'ouest du Canada.

La multiplication des phénomènes climatiques extrêmes – sécheresses, tempêtes, inondations – fragilise également le couvert forestier. La hausse des températures, le dépérissement de la végétation – plus sèche, donc plus inflammable – augmentent en outre la fréquence et l'intensité des feux dans les zones déjà sujettes aux incendies.

Les effets multiples du réchauffement vont donc fragiliser les forêts. Une image pourrait évoquer ce phénomène : il s'agit de ce que l'on appelle les « forêts ivres ». En Sibérie, le réchauffement amène la fonte des sols habituellement gelés (le pergelisol). Avec les sols qui ramollissent, les arbres s'inclinent et poussent dans des directions étonnantes. Moins bien enracinés, ils sont susceptibles de basculer comme des châteaux de cartes à la moindre perturbation.

LES PLUIES ACIDES

— En rendant les pluies aussi acides que du vinaigre, la pollution tue petit à petit les arbres.

<u>**Tourbière, massif des Vosges, France.**</u> C'est dans cette région, au début des années 1980, que les effets des pluies acides ont été constatés pour la première fois en France.

Dans les années 1970 et 1980, plusieurs dizaines de millions d'hectares de forêt du Canada et d'Europe ont été endommagés par un phénomène jusqu'alors méconnu : les pluies acides. En France, notamment dans les Vosges, de nombreux arbres furent touchés par ces précipitations aussi acides que du vinaigre.

À l'état naturel, la pluie est légèrement acide, mais certains polluants atmosphériques comme le dioxyde de soufre (SO_2) et les oxydes d'azote (NO_x) peuvent considérablement augmenter cette acidité. Lorsque ces polluants entrent en contact avec l'eau des nuages, ils se transforment en acide, sulfurique ou nitrique selon les cas, et retombent sur terre sous forme de pluie, de neige ou de grêle.

En lessivant les sols, les pluies acides privent les arbres des sels minéraux comme le calcium et le magnésium dont ils ont besoin pour vivre. Ces carences nutritives entraînent la chute des feuilles, puis la mort progressive des arbres. C'est ce que l'on appelle le « dépérissement forestier ».

Par ailleurs, les pluies acides entraînent une augmentation de l'acidité des lacs et des cours d'eau, ce qui menace leur biodiversité. En revanche, elles n'ont que peu d'effets sur l'homme, même si elles sont responsables de maladies ou de problèmes respiratoires, notamment chez les personnes âgées ou les enfants.

Très souvent, les zones affectées se trouvent à des centaines, voire à des milliers de kilomètres de celles d'où proviennent les polluants, car ceux-ci sont portés par les vents. Aujourd'hui, les émissions de soufre ont considérablement diminué en Europe, en grande partie grâce à la désindustrialisation, mais aussi suite à une convention internationale signée en 1979 et à un ensemble de mesures prises en application.

Malgré tout, la menace des pluies acides persiste. D'une part, car les émissions d'azote dues aux transports et à l'agriculture restent importantes et, d'autre part, car le phénomène s'est déplacé en Chine, où de nombreuses centrales à charbon, grandes émettrices de soufre, sont en activité.

LA ROUTE AVANCE, LA FORÊT RECULE

— Les bûcherons, les agriculteurs ou les chasseurs entrent en forêt par les routes et menacent les massifs les plus denses.

Exploitation forestière, République centrafricaine. Les routes tracées au cœur de la forêt centrafricaine ont permis d'accéder à des zones reculées encore jamais exploitées.

Parce qu'ils sont impénétrables, les grands massifs forestiers sont protégés des atteintes de l'homme. Mais l'ouverture de pistes et de routes, que ce soit pour l'exploitation du bois ou du sous-sol, ou des infrastructures comme les lignes électriques enclenchent un processus de destruction.

En forêt tropicale où se pratiquent des coupes sélectives à raison d'un ou deux arbres à l'hectare, des pistes permettent d'accéder aux arbres à couper, puis d'acheminer les grumes en camion jusqu'aux scieries ou dans les ports d'exportation. Or, une étude réalisée en Amazonie brésilienne par des universitaires américains a montré, en 2006, qu'un tiers des forêts ayant fait l'objet de coupes sélectives avaient totalement disparu au bout de 4 ans, tandis que les forêts situées à plus de 25 km d'un axe routier étaient indemnes.

Les routes créent de nouveaux fronts pionniers pour l'agriculture. La construction dans les années 1970 au Brésil de la Transamazonienne, un axe routier de 5 000 km coupant en deux la forêt, en est sans doute le meilleur exemple. Les images prises par les satellites montrent l'extension de proche en proche, en forme d'arêtes de poisson, des surfaces déboisées à partir du réseau routier.

En Afrique, c'est le braconnage pour approvisionner les villes en viande de brousse qui profite le plus de l'ouverture de pistes forestières. Des massifs sont vidés en quelques années de leur faune, et c'est tout l'écosystème qui se trouve dégradé. Car dans les forêts denses tropicales, comparativement au milieu ouvert que sont les savanes, la biomasse des mammifères est dix fois moins importante.

Les forêts tempérées des pays développés souffrent également de la fragmentation des massifs par des infrastructures comme les autoroutes et les lignes de chemin de fer. Beaucoup de forêts sont désormais trop petites pour abriter des populations viables de grands animaux, comme les cervidés. Les brassages génétiques s'interrompent et provoquent alors, localement, la disparition de l'animal.

VICTIMES COLLATÉRALES

— Les guerres n'épargnent rien, ni les hommes ni les forêts.

Évacuation d'un gorille tué par balles en 2007, République démocratique du Congo.
Menacés par la guerre et le braconnage, une quinzaine de gorilles de montagne ont été évacués en 2010 pour être réinstallés loin des zones de conflit.

Parce qu'elles servent de refuge à leurs ennemis, les armées considèrent parfois la destruction des forêts comme un moyen de mener la guerre. C'est ainsi que les Américains ont déversé au Vietnam, entre 1962 et 1971, environ 80 millions de litres de défoliants, dont l'agent orange. Un cinquième des forêts du sud du pays ont été détruites et 36 % des 291 000 hectares de mangroves, en particulier dans le delta du Mékong, ont disparu.

Cette guerre chimique a parfois été qualifiée d'« écocide » puisque son but était la destruction de l'écosystème. Elle a également laissé des séquelles à long terme sur les populations : aujourd'hui encore, des cancers et des malformations sont associés à ces produits chez les vétérans américains et, surtout, chez les Vietnamiens.

L'exploitation des ressources de la forêt par les belligérants en fait également un enjeu majeur : le commerce illégal du bois en provenance du Liberia a permis à Charles Taylor de financer sa guerre civile. Parfois, le braconnage des soldats menace la biodiversité, comme dans l'est de la République démocratique du Congo, où soldats et miliciens de tous bords partent chercher leur nourriture en forêt.

La forêt est parfois détruite par les opérations militaires, comme pendant la Première Guerre mondiale à Verdun, où la zone fut entièrement ravagée. Aujourd'hui, une « forêt de guerre » a été plantée sur le lieu de la bataille où sont morts plus de 300 000 soldats. Dans cette forêt protégée, certains arbres portent encore la marque des mitraillages, les sols gardent les traces toxiques des gaz de combat ou des explosifs et, en certains endroits, les dépouilles des victimes.

Paradoxalement, il est un contexte dans lequel les guerres sont bénéfiques aux forêts : dans certaines zones militarisées, comme les zones minées, le no man's land entre les Corées du Nord et du Sud ou le long de l'ancien rideau de fer en Europe. Parce que l'homme en est absent, la nature y prolifère.

LA FAUTE AUX CREVETTES

— En un quart de siècle, les surfaces couvertes par les mangroves ont diminué de 20 %.

Mangrove dévastée, Casamance, Sénégal.
Au sud du Sénégal, la mangrove a été entièrement détruite, notamment parce que le bois des palétuviers est utilisé comme bois d'œuvre par les populations locales.

Les mangroves disparaissent quatre fois plus vite que les forêts terrestres. Elles sont ainsi l'un des milieux qui a le plus régressé au cours du XXe siècle : d'après la FAO, l'agence des nations unies pour l'agriculture et l'alimentation, elles couvraient 18,8 millions d'hectares en 1980 contre 15,2 millions en 2005, soit une diminution de près de 20 % en un quart de siècle.

Traditionnellement exploitées pour leur bois réputé imputrescible et résistant aux insectes, les forêts de mangroves sont victimes de leur particularité : celle d'être des forêts côtières, à l'interface entre la terre et la mer. Elles occupent des zones densément peuplées et convoitées pour de multiples raisons. En quelques décennies, des exploitations agricoles, des habitations, des fermes aquacoles ou des infrastructures portuaires, ou encore des complexes touristiques sont ainsi venus remplacer l'un des écosystèmes les plus riches de la planète.

Dans les pays tropicaux, l'élevage de crevettes est une activité particulièrement destructrice des mangroves, un fait souvent méconnu. En Asie du Sud-Est, en Amérique latine ou encore en Afrique de l'Est, les racines des palétuviers sont arrachées au bulldozer sur plusieurs hectares et les arbres remplacés par des fermes aquacoles. Celles-ci sont souvent abandonnées après 3 à 5 ans d'exploitation et déplacées quelques kilomètres plus loin pour éviter que les crevettes ne développent des maladies. Il ne reste alors que des terres dévastées et polluées par les produits chimiques répandus dans les bassins pour assurer un rendement maximal.

Aujourd'hui pourtant, le rythme de la déforestation des mangroves a légèrement diminué. Les hommes commencent à prendre conscience de leur importance, les protègent ou les replantent. Au Sénégal, par exemple, 36 millions de jeunes pousses de palétuviers ont été plantées pour restaurer la mangrove. La preuve que des solutions existent, même si l'élévation du niveau de la mer due au changement climatique reste une menace permanente.

85 %

des forêts de l'île de Sumatra ont été déboisées et converties en plantations de palmiers à huile.

CETTE **HUILE ALIMENTAIRE** EST PARFOIS TRANSFORMÉE EN **BIOCARBURANTS** ET PLUS FRÉQUEMMENT EN **PRODUITS COSMÉTIQUES, DÉTERGENTS** ET **LUBRIFIANTS.**

20 %

des mangroves ont disparu en un quart de siècle.

LES SURFACES RECOUVERTES PAR LES MANGROVES SONT PASSÉES DE 18,8 MILLIONS D'HECTARES EN 1980 À **15,2 MILLIONS EN 2005.**

[Carte page de droite]
Globalement, le couvert forestier dans l'hémisphère Nord est en expansion. C'est le cas en Europe, en Inde et surtout en Chine où le gouvernement a interdit la coupe des forêts suite aux graves inondations de 1998 et a mis en place un vaste projet de reforestation baptisé Grande muraille verte afin de lutter contre l'avancée du désert. Ailleurs, et principalement dans la zone intertropicale, les forêts sont en recul.

ÉVOLUTION DU COUVERT FORESTIER PAR PAYS ENTRE 1990 ET 2005

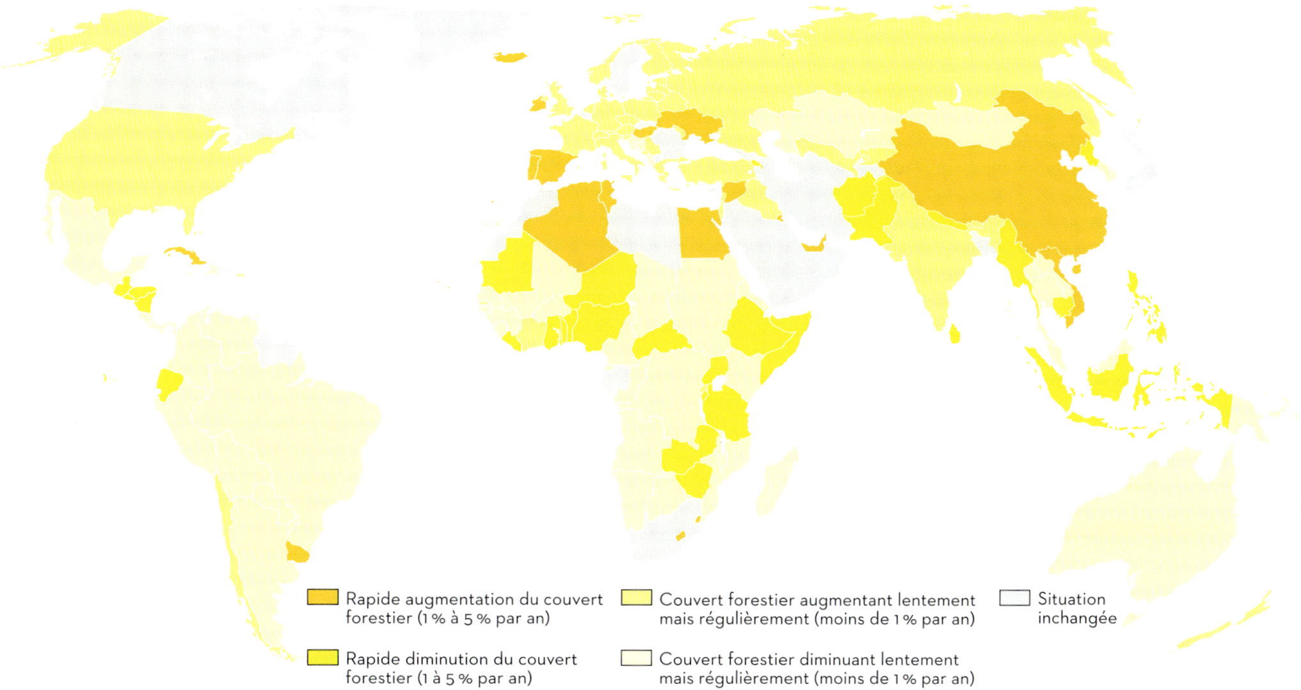

4

secondes, c'est le temps nécessaire pour que l'équivalent d'un terrain de football de forêt disparaisse.

CELA CORRESPOND À **15 000 HECTARES PAR JOUR** ENVIRON OU **5,2 MILLIONS D'HECTARES PAR AN.**

90 %

des incendies de forêts sont causés directement ou indirectement par l'homme.

CHAQUE ANNÉE, ENVIRON **350 MILLIONS D'HECTARES** PARTENT EN FUMÉE, SOIT PRESQUE **1 % DES FORÊTS DE LA PLANÈTE.**

[Carte page de droite]
Au cours de la seconde moitié du XXe siècle, les feux de forêts ont été plus nombreux. La hausse des températures et l'intensification des phénomènes climatiques extrêmes ont fragilisé le couvert forestier et l'ont rendu plus inflammable. Des milliers d'hectares de forêts ont été brûlés en Amérique du Sud, en Afrique et en Asie pour répondre aux besoins de l'agriculture.

NOMBRE D'INCENDIES MAJEURS RECENSÉS PAR RÉGION DEPUIS 1950

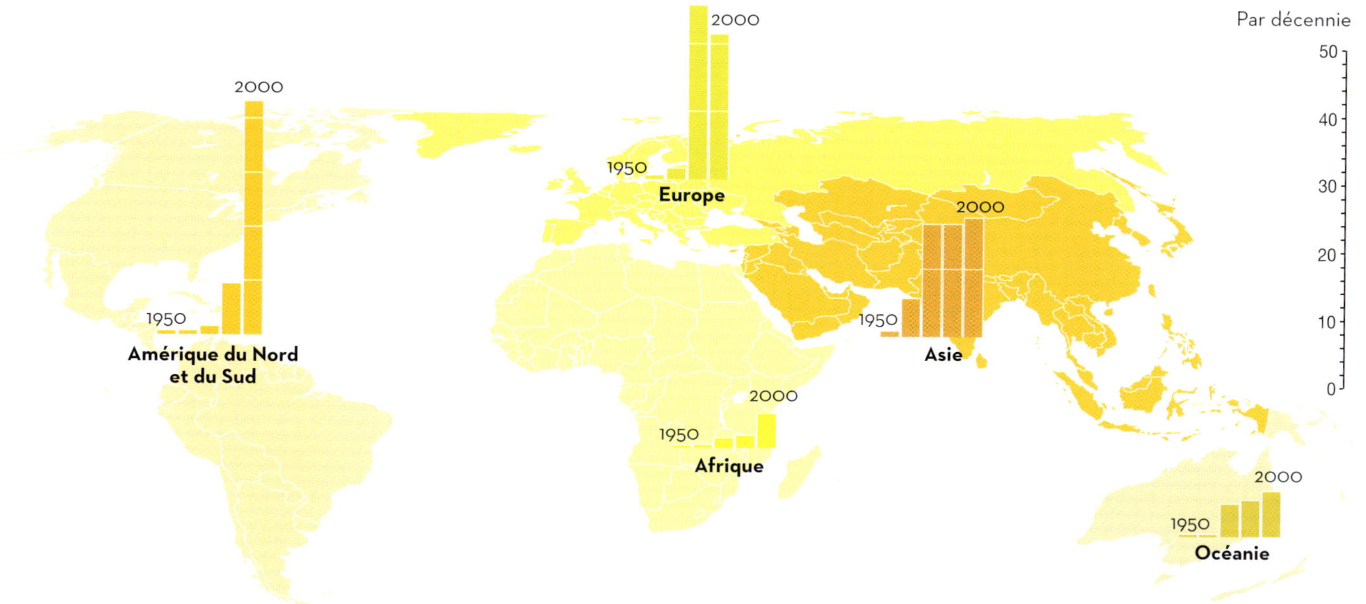

Un incendie est dit «majeur» lorsqu'au moins un des événements suivants se produit - 10 personnes ou plus déclarées mortes - 100 personnes ou plus déclarées touchées - instauration de l'état d'urgence et/ou demande d'aide internationale. Le nombre d'incendies déclarés est probablement sous-estimé.

6 PROTECTION

« Au début, je pensais que je me battais pour sauver les hévéas, puis pour sauver la forêt amazonienne. Maintenant, je sais que je me bats pour l'humanité. »

CHICO MENDES
Écologiste et syndicaliste brésilien

LA RESTAURATION DE NOS FORÊTS : LE COMPLEXE DE LA FORÊT DE MAU AU KENYA

[Pages précédentes]
Parc à bois de Port-Gentil, province de l'Ogooué-Maritime, Gabon.
Les forêts gabonaises renferment près de 400 essences de bois différentes. Engagé dans une démarche de gestion durable de ses ressources forestières, le pays n'en exploite cependant que 60.

Les arbres jouent un rôle central dans ma vie et m'ont enseigné bien des leçons. Ils m'ont appris qu'il faut être patient, persévérant et passionné. Lorsque nous plantons des arbres, certaines personnes me disent : « Je n'ai pas envie d'en planter parce que ça ne pousse pas assez vite. » Je dois alors leur rappeler que les arbres qu'elles coupent aujourd'hui n'ont pas été plantés par leurs soins, mais par d'autres personnes avant elles.

Au Kenya, plusieurs démarches ont été entreprises pour porter un coup d'arrêt à l'affolante destruction de la forêt de Mau et pour restaurer les zones dégradées.

Fort du soutien du Programme des Nations unies pour l'environnement (PNUE) et de ses partenaires, le gouvernement kényan a formé, en 2008, un groupe de travail constitué de multiples parties prenantes avec pour mission de formuler des recommandations sur la manière dont ces écosystèmes forestiers, indispensables à la subsistance de millions de Kényans, doivent être restaurés et protégés.

Je ne suis en aucune façon lassée par mon combat en faveur de nos forêts. Cela m'encourage et me motive lorsque je vois des personnes rejoindre notre lutte. À l'heure actuelle, plusieurs partenaires et parties prenantes ont signé des accords avec le Service kényan des forêts (Kenya Forest Service) pour réhabiliter des portions de la forêt de Mau et se sont engagés à endosser une responsabilité commune vis-à-vis de sa gestion et de sa restauration. Le Mouvement de la ceinture verte et ses partenaires tels que le fonds Sauvons la Mau (Save the Mau Trust) et l'Initiative Clinton pour le climat (Clinton Climate Initiative) ont pour objectif commun de planter 6 millions d'arbres d'ici 2014.

Si nous sommes impliqués dans la protection de la forêt de Mau, c'est parce qu'elle fournit d'importants services écologiques, économiques et sociaux. Il s'agit de la plus grande surface forestière du Kenya et, avec ses 400 000 hectares, elle est sept fois plus grande que la capitale du pays, Nairobi. Elle représente également le plus grand « château d'eau » du Kenya, alimentant les grands

WANGARI MUTA MAATHAI
Prix Nobel de la paix 2004

Marraine de la campagne pour un milliard d'arbres du PNUE, le professeur Wangari Muta Maathai est la plus importante militante pour l'environnement en Afrique. En 2004, le Comité du prix Nobel a salué son engagement en faveur de la durabilité environnementale et de l'émancipation des femmes en lui attribuant le prix Nobel de la paix. En 1977, elle avait fondé le Mouvement de la ceinture verte au Kenya, mouvement qui s'est transformé en une campagne d'envergure internationale grâce à laquelle plus de 30 millions d'arbres ont été plantés en Afrique.

fleuves qui coulent d'est en ouest et se jettent dans six grands lacs, parmi lesquels les lacs Nakuru et Naivasha au Kenya et les lacs Victoria et Turkana communs à plusieurs pays.

Les services écologiques fournis par cet écosystème profitent à des habitats naturels qui incluent plusieurs zones de conservation extrêmement importantes et connues dans le monde entier comme la réserve nationale du Masaï-Mara, le Serengeti en Tanzanie et le lac Natron, important lieu de reproduction du flamant nain. Parmi les secteurs économiques clés qui dépendent, eux aussi, des services rendus par la forêt, citons l'agriculture, le tourisme et le secteur énergétique avec la production d'énergie hydraulique.

Malgré son rôle vital, cette forêt a perdu, ces 15 dernières années, un quart de son couvert originel à cause de l'extraction illégale de ressources, de la plantation d'essences exotiques pour l'industrie du bois, de la présence de plus en plus envahissante des hommes et de la conversion des terres en surfaces agricoles.

La dégradation de la forêt a de graves conséquences : pénuries d'eau et de nourriture, coupures d'électricité dues à une alimentation insuffisante des barrages en eau, incidences sur le tourisme et sur les moyens de subsistance des populations dans les régions qui dépendent de cet écosystème. Il faut noter, en outre, qu'il existe une petite communauté autochtone, les Ogiek, qui est totalement dépendante de certaines parties de la forêt pour sa nourriture, ses médicaments et son habitat.

Celles et ceux d'entre nous qui ont sous les yeux un environnement dégradé ne peuvent pas se satisfaire de cette réalité. Ils doivent agir. Dans la perspective de l'Année internationale des forêts, j'en appelle aux décideurs et aux citoyens du monde entier pour qu'ils mènent des actions concertées en faveur de la restauration et de la protection des forêts. C'est un devoir que nous avons vis-à-vis des générations actuelles et futures, toutes espèces confondues.

UNE QUESTION DE GOUVERNANCE

— Bien protéger les forêts, c'est aussi bien gérer les États.

Rhinocéros unicorne de Sumatra, Indonésie.
Autrefois largement répandu en Asie du Sud et du Sud-Est, le rhinocéros de Sumatra, le plus petit de tous les rhinocéros, ne survit plus que dans les forêts de la péninsule malaise et des îles de Bornéo et de Sumatra.

Le modèle le plus intuitif de protection de la forêt est la création de zones protégées contrôlées publiquement. Il correspond aux expériences historiques, comme le premier parc naturel moderne : celui de Yellowstone aux États-Unis, créé en 1872.

En protégeant des espaces entiers, on sauvegarde des écosystèmes, et pas seulement telle ou telle espèce.

En 40 ans, le nombre d'espaces protégés répertoriés par les Nations unies a été multiplié par 10. Il en existe désormais plus de 100 000, qui couvrent ensemble 1,9 milliard d'hectares (dont un quart environ de forêts). Environ 13 % des forêts mondiales sont ainsi protégées.

Les statuts varient considérablement, entre parcs régionaux, nationaux et internationaux, entre espaces complètement vierges ou, au contraire, aménagés pour que le public puisse les visiter, entre ceux dans lesquels toute utilisation ou tout prélèvement sont formellement interdits et ceux qui les ont plus ou moins réglementés.

Toutefois, surveiller des zones souvent immenses est évidemment une tâche complexe, d'autant plus quand les budgets sont trop réduits pour financer des équipes adaptées de gardes forestiers. Par ailleurs, le manque d'efficacité de l'action publique que l'on constate parfois ainsi que l'éventuelle corruption minent les efforts des gouvernements. C'est pourquoi le bon fonctionnement des structures étatiques est essentiel à la protection des forêts : ce que l'on appelle la « gouvernance ».

Surveiller les espaces protégés n'est pas la seule action que peuvent entreprendre les autorités. L'ensemble des lois et des dispositifs qui vont réglementer le commerce des produits de la forêt et ainsi lutter contre la déforestation illégale et le trafic joue un rôle essentiel. Ce n'est pas qu'une question de principe : le marché du bois illégal est estimé à 10 milliards de dollars, soit huit fois le budget de l'aide au développement consacré aux forêts. Si une partie au moins de cet argent pouvait alimenter les caisses publiques, cela ferait évidemment une différence considérable.

FINANCER LA PROTECTION DES FORÊTS

__ Les forêts sont entrées dans les accords internationaux de lutte contre le réchauffement climatique au travers d'un mécanisme appelé REDD+.

Ébène rose sur la montagne de Kaw, Guyane. Cet arbre, que l'on rencontre dans les forêts tropicales humides du Mexique à l'Argentine, perd d'abord toutes ses feuilles avant de fleurir de manière spectaculaire.

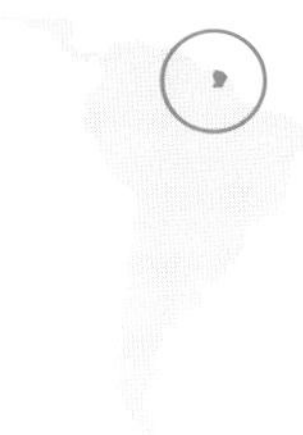

La déforestation et la dégradation des forêts représentent à elles seules près de 18 % des émissions mondiales annuelles de gaz à effet de serre. Dans le cadre de la lutte contre le changement climatique, la protection des forêts fait donc l'objet d'intenses négociations qui se focalisent autour d'un mécanisme baptisé REDD (Réduction des émissions dues à la déforestation et à la dégradation des forêts). Il a depuis été étendu à la gestion durable des forêts, afin d'accroître les stocks de carbone forestiers, et rebaptisé REDD+.

L'idée est assez originale : il s'agit de financer la déforestation évitée et la conservation des forêts en versant une certaine somme d'argent aux pays qui protègent leurs forêts. Dans le cadre des négociations sur le climat, c'est d'ailleurs l'un des sujets les plus consensuels. Lors de la conférence de Copenhague en 2009, six États se sont d'ores et déjà engagés à verser 3,5 milliards de dollars sur 3 ans pour financer le lancement de ce mécanisme.

Plusieurs questions quant aux modalités de mise en œuvre de REDD+ restent à trancher. D'où viendra l'argent ? Du marché du carbone ou de financements publics ? De même, à qui sera-t-il versé ? Aux gouvernements ou aux peuples indigènes qui habitent les forêts ? Comment calculer et récompenser les efforts des pays ? Si l'on prolonge les tendances actuelles, ceux qui ont beaucoup coupé d'arbres par le passé, mais qui commencent à le faire un peu moins, seront mieux récompensés que ceux qui font des efforts méritoires depuis des années et ne peuvent pas vraiment faire davantage. Enfin, il existe une réelle incertitude quant à la capacité des pays à utiliser correctement les fonds versés, tant en termes de projets d'action que de bonne gouvernance.

Malgré ces réserves, le mécanisme REDD+ représente un espoir important, et la signature d'un accord sur ce point à la conférence de Cancún en décembre 2010 est une bonne nouvelle. Cela donnerait aux pays concernés des moyens considérables pour préserver leurs forêts.

INVESTIR DANS LA NON-DÉFORESTATION

— Les pays du Nord sont appelés à constituer des fonds qui compenseraient la perte occasionnée par la non-exploitation des forêts des pays du Sud.

Sauterelle katydide (*Typophyllum erosum*) imitant l'aspect d'une feuille, Guyana. Inactifs et quasi invisibles le jour, les katydides sont des insectes nocturnes passés maître dans l'art du camouflage.

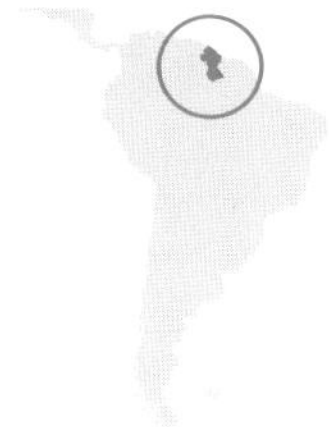

Pour lutter contre la déforestation, des pays développés ont proposé de rémunérer, sous forme d'une aide publique internationale, les pays qui s'engageraient à préserver leurs forêts. D'autres pays, comme l'Équateur ou la Guyana, appellent les pays du Nord à constituer des fonds qui compenseraient la non-exploitation des forêts ou des gisements de pétrole présents dans leur sous-sol. La Norvège a ainsi signé, en 2009, un accord bilatéral avec la Guyana, visant à mettre un terme définitif à la déforestation en échange du versement de 250 millions de dollars d'ici 2015.

Situé en plein cœur de la forêt amazonienne de l'Équateur, le parc Yasuni, un territoire de 9 800 km² classé réserve mondiale de biosphère par l'Unesco en 1989, abrite 2 274 espèces recensées d'arbres, 165 de mammifères et 593 d'oiseaux. Des peuples de chasseurs-cueilleurs y vivent : les Tagaeri, les Taromenani, les Oñamenane et les Huaorani.

Le sous-sol renferme aussi du pétrole, estimé à environ 850 millions de barils, soit 20 % des réserves d'hydrocarbures du pays. L'exploitation des trois gisements pétroliers (Ishpingo, Tambococha, Tiputini), situés au centre du parc, menace la biodiversité ainsi que la vie des indigènes de la forêt.

Contraint en 2006 par l'Unesco à déclarer cette zone intouchable et par la Commission inter-américaine des droits de l'homme à protéger les Tagaeri et les Taromenani, le gouvernement équatorien a lancé, en 2007, l'initiative Yasuni-ITT. Ce projet, dont les initiales correspondent aux trois forages, vise à empêcher l'exploitation du sous-sol du parc grâce à un fonds de 3,6 milliards de dollars alimenté par les pays industrialisés afin de compenser à hauteur de 50 % les dividendes dont le pays disposerait s'il exploitait ce pétrole. Administré depuis 2010 par le Programme des Nations unies pour le développement (PNUD), ce fonds sera dépensé dans les énergies renouvelables, des programmes d'éducation et de protection des peuples indigènes. Le Chili a déjà apporté sa contribution, l'Allemagne, l'Espagne, le Portugal, l'Italie et le Canada sont prêts à y participer.

ACHETER MAIS PROTÉGER

— La meilleure manière de protéger les forêts tropicales, c'est de privilégier des essences locales.

Calao à cimier *(Aceros cassidix)* mâle devant l'ouverture d'un nid, Indonésie. Avec son casque rouge caractéristique, le calao à cimier vit généralement en couple. Chez la femelle, le cou est entièrement noir, alors que, chez le mâle, il est plutôt brun roux.

Un salon de jardin en teck, un parquet en merbau, un buffet en acajou... Dans les pays développés, les bois tropicaux sont de plus en plus recherchés et de plus en plus accessibles. Mais, bien qu'il progresse régulièrement, le commerce mondial des essences tropicales reste l'un des moins réglementés. Près de 20 % du bois importé dans l'Union européenne est d'origine illégale et il est très difficile de savoir si les articles disponibles dans nos magasins ne proviennent pas de filières clandestines.

Pour lutter contre ces trafics, plusieurs solutions existent. L'une d'entre elles est le recours aux bois certifiés, une autre est de privilégier les essences locales plutôt que celles venues de l'autre bout du monde. En Europe, on peut ainsi facilement trouver du mobilier de jardin en pin ou en hêtre, des parquets en mélèze ou en merisier, ou encore des meubles en noyer ou en chêne. La plupart des forêts européennes sont en effet en croissance, et donc non menacées. De plus, leurs bois présentent l'avantage d'être économes en transport. Malgré cela, ils sont encore trop souvent négligés.

De l'avis de certains, les bois locaux sont moins esthétiques que ceux d'origine tropicale. Pourtant, avec des lasures ou des vernis biodégradables, il est possible d'obtenir toutes les teintes et tous les effets désirés sur n'importe quel bois. Pour d'autres, les bois tropicaux sont plus résistants. Mais, s'ils ne sont pas traités, tous les bois utilisés en extérieur, y compris le teck, deviennent rapidement grisâtres. Par ailleurs, il existe aujourd'hui une technique qui rend les bois de feuillus ou de résineux occidentaux plus solides et résistants aux intempéries, aux insectes et aux champignons sans utiliser de produits chimiques polluants : la rétification. Ce procédé, breveté en France, est un traitement thermique au cours duquel le bois subit d'abord un séchage intense avant d'être chauffé à haute température pendant plusieurs heures. Le bois rétifié, souvent moins cher, offre donc une alternative écologique et compétitive à de nombreuses essences tropicales.

UNE SOLUTION AMBIGUE

— Les plantations permettent de limiter le taux de déforestation, mais elles ne sont pas sans poser de problème.

Plantation d'eucalyptus, près de Coimbra, Portugal. Originaire d'Australie et de Tasmanie, l'eucalyptus a été planté au Portugal pour la production de pâte à papier.

Face au rythme alarmant de la déforestation, les millions d'hectares de forêt qui sont plantés chaque année semblent offrir un élément de solution. De fait, si on ne les prenait pas en compte, la déforestation ne serait pas de 7, mais de 13 millions d'hectares par an.

Les plantations ont le mérite de répondre à une demande industrielle croissante – en particulier par l'industrie papetière – sans avoir à couper les forêts « naturelles ». De même pour les usages des particuliers : à Madagascar, par exemple, la population coupe beaucoup moins la forêt primaire depuis qu'elle peut se fournir en charbon de bois issu des plantations d'eucalyptus. Pourtant, un hectare de plantation n'est pas égal à un hectare de forêt naturelle, et les plantations posent de nombreux problèmes écologiques.

Lorsque des forêts naturelles sont remplacées par des plantations (on parle de « reboisement », par opposition à l'« afforestation », quand les plantations concernent des zones qui ne contenaient pas d'arbres auparavant), un écosystème riche est remplacé par de vastes monocultures très pauvres en biodiversité. D'autant plus lorsque les arbres plantés sont des espèces exotiques, comme l'eucalyptus ou l'acacia, qui sont favorisées car leur croissance est rapide (on peut les couper après une dizaine d'années tandis qu'il faut plus du double pour les essences de bois dur comme le teck). Les espèces locales ont alors du mal à s'adapter aux nouveaux venus, à tel point que l'on appelle parfois ces plantations des « déserts verts ». Par ailleurs, l'eucalyptus consomme énormément d'eau, ce qui pose parfois de gros problèmes quand la ressource se fait rare.

Malgré ses défauts, l'exploitation des forêts – la sylviculture – rejoint en cela l'exploitation des autres plantes – l'agriculture. Elle permet d'augmenter considérablement la production, et donc de répondre aux besoins des hommes. Dans un cas comme dans l'autre, il faut veiller à ce qu'elle se développe dans le respect de l'environnement.

CONFIER LES FORÊTS AUX COMMUNAUTÉS

__ La meilleure manière de protéger la forêt est de la confier à ceux qui y habitent.

Village près de Maroantsetra, Madagascar. Les forêts des environs de Maroantsetra, dans le nord-est de l'île, font partie des plus denses et des plus riches de Madagascar, loin de la déforestation qui ravage d'autres régions de l'île.

On a longtemps pensé que, pour protéger les forêts, il fallait expulser les populations qui les habitaient et qu'on accusait de participer à la déforestation. C'est en fait l'inverse qui doit être fait et ce constat amène un bouleversement dans la manière dont sont gérées les forêts.

En effet, les gouvernements des pays en développement manquent souvent de moyens pour faire entrer dans les faits des protections décidées au niveau national et sont parfois confrontés à des problèmes de corruption qui minent leurs efforts. À l'inverse, même si certains individus sont tentés de braconner ou de défricher, les communautés connaissent en général parfaitement la forêt. Et comme celle-ci constitue la base de leur existence, elles ont intérêt à la protéger.

C'est ainsi que la proportion des forêts gérées ou administrées par les populations locales a doublé en 15 ans.

Au Brésil, l'État a délimité 105 millions d'hectares de forêt, soit 12,5 % de la superficie totale du pays, pour créer 488 réserves indigènes. Ces terres ancestrales, pour lesquelles les peuples autochtones possèdent désormais un droit d'usage à vie, représentent parfois des îlots de forêt parmi les monocultures de soja et les exploitations forestières. En Tanzanie, le gouvernement a établi une gestion participative des forêts dans 1 800 villages, couvrant plus de 3,6 millions d'hectares, soit 11 % du couvert forestier tanzanien.

Les exemples de gestion communautaire des forêts sont nombreux et surtout très variés. La taille des populations et des forêts concernées, la manière dont ces communautés sont impliquées, le fait que ce soient des populations indigènes ou très urbanisées : de nombreux cas sont possibles.

Mais il y a une constante : la condition d'une gestion locale réussie est que les populations disposent d'un titre de propriété ou, au moins, de droits précis sur leurs forêts. Car, très logiquement, c'est quand on dispose d'une ressource à long terme que l'on a intérêt à la gérer de façon durable.

LA FORÊT COMME ESPACE DE RÉCRÉATION

— Le tourisme en forêt constitue un moyen de mieux connaître ce milieu.

Ourse et trois oursons, Finlande.
En Finlande, certains tour-opérateurs proposent aux touristes d'aller observer l'un des symboles de la nation finnoise, l'ours brun.

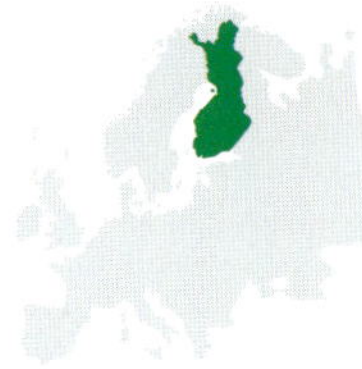

Le tourisme en milieu forestier s'est beaucoup développé depuis une vingtaine d'années, afin de répondre à une demande toujours croissante. Il est toutefois difficile aujourd'hui de recenser toutes les initiatives qui ont transformé la forêt en terrain ludique, pédagogique et culturel.

On compte un grand nombre d'activités gratuites comme les promenades en forêt, l'observation de la faune et de la flore, le ramassage des champignons, des châtaignes, des baies sauvages comestibles ou encore l'éco-volontariat qui consiste, par exemple, à donner de son temps pour nettoyer les forêts de ses déchets.

Parmi les activités payantes, on peut citer les parcours dans les arbres telle l'Accrobranche. Cela consiste à se déplacer et à grimper entre et sur les arbres de manière acrobatique, à l'aide d'équipement d'escalade, en se servant de supports naturels, comme les branches et les lianes, ou artificiels, comme les crochets en métal. Parmi les moyens ludiques de se déplacer d'arbre en arbre, il existe le pont de singe (deux cordes parallèles installées entre deux arbres permettant la traversée au-dessus du vide), la tyrolienne (longue corde ou câble accroché entre deux arbres pour descendre d'un point à un autre), le pendule (balançoire géante fixée entre deux arbres).

Une autre activité récente consiste à vivre quelques jours dans une cabane dans les arbres. Ces constructions en bois sont installées sur pilotis et plaquées à un arbre ou fixées sans clous dans l'arbre même. On s'y repose, on y lit, on y dort et on peut observer toute la faune environnante.

Récemment, des stages de survie ont vu le jour pour apprendre à vivre en autonomie dans la forêt : faire un feu avec les éléments naturels, se nourrir de plantes et de fruits sauvages, reconnaître les animaux, trouver de l'eau...

Toutes ces formes de tourisme en forêt constituent un excellent moyen de mieux la connaître, mais il est nécessaire de veiller à ce qu'il n'augmente pas la pression sur les écosystèmes forestiers.

DE FAUSSES BONNES IDÉES POUR SAUVER LES FORÊTS

__ **Le bois présente l'avantage d'être renouvelable** s'il est exploité de façon raisonnée et d'être biodégradable.

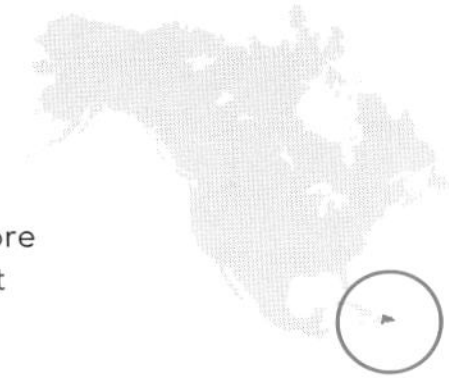

Décharge à ciel ouvert, Saint-Domingue, République dominicaine. En République dominicaine, le volume des déchets a doublé entre 1994 et 2000. Le pays manque encore d'infrastructures de traitement des ordures. Moins de 2 % des déchets solides sont ainsi recyclés.

La substitution du bois par des matériaux synthétiques ou plus résistants a été l'une des transformations permises par la révolution industrielle. Certains ont pu croire qu'il s'agissait là d'un progrès puisque cela signifiait une réduction de la déforestation. Or il n'en est rien. De nos jours, plus de 5 000 objets, du crayon à la maison, sont encore fabriqués en bois. Certes, les ustensiles domestiques sont en plastique, les traverses de chemin de fer ou les poteaux sont en béton.

Pour tous ces objets, il n'est pas certain que le bilan environnemental soit positif. En effet, ces nouveaux matériaux nécessitent souvent une grande quantité d'énergie pour leur fabrication. Produit phare des célébrations de Noël, le véritable sapin se montre bien meilleur pour l'environnement que son équivalent synthétique fait à base de plastique, et donc de pétrole. Bien que ce dernier ait une durée de vie plus longue, il s'avère difficilement recyclable. Le bois présente l'avantage d'être renouvelable s'il est exploité de façon raisonnée et biodégradable.

Le liège, qui sert traditionnellement à produire les bouchons de vins et de champagne, voit son existence menacée par l'essor des bouchons synthétiques. Autour de la Méditerranée, le secteur du bouchon de liège fait vivre 100 000 personnes et permet de maintenir les forêts de chênes-lièges. Sans un avenir commercial pour ce produit, le devenir des forêts de liège du Portugal et d'Espagne, qui abritent des lynx ibériques, demeure incertain. Bien souvent, si une ressource n'est plus valorisée, elle est condamnée à disparaître.

L'essor de l'informatique était censé réduire notre consommation de papier. Cette dernière n'a pourtant pas cessé d'augmenter : l'utilisation mondiale de papier a triplé depuis 1960 et atteint 317 millions de tonnes par an. Imprimer les documents informatiques est une habitude qui perdure et il faudra sans doute attendre qu'une génération grandisse avec celle de lire sur un écran pour que les impressions sur papier diminuent.

CERTIFICATS DE BONNE CONDUITE

— 9 % des forêts dans le monde sont certifiées, mais cela ne suffit pas pour répondre à une demande croissante.

Écorce d'un eucalyptus, Australie. L'écorce de certains eucalyptus peut prendre une multitude de couleurs : bleu, vert, marron, jaune, orange, ou encore violet.

Chacun peut sauver la forêt avec son porte-monnaie – au moins en partie. Car chaque consommateur détient le pouvoir d'acheter du bois ou du papier écologiques, plutôt que d'encourager la déforestation. Pour le guider, des labels garantissent la provenance des produits et un mode d'exploitation forestière durable. Les labels FSC et PEFC sont les deux plus répandus.

Le FSC (Forest Stewardship Council), créé en 1993 à l'initiative d'ONG, d'industriels et d'exploitants forestiers, est attribué à plus de 135 millions d'hectares de forêts dans le monde. Il stipule que les coupes de bois ont été opérées légalement, dans le respect des droits des peuples autochtones, que la gestion est profitable à l'exploitant et que les équilibres écologiques ont été pris en compte. Il interdit, sauf exception, les coupes rases.

Le PEFC (Pan European Forest Certification) a été créé en 1999 par des forestiers européens insatisfaits du label FSC, qu'ils jugeaient trop contraignant, et concerne plus de 220 millions d'hectares de forêts pour l'essentiel désormais en Amérique du Nord. Bien que les Nations unies estiment que ses différences avec FSC s'estompent petit à petit, plusieurs ONG considèrent le PEFC laxiste. Elles lui reprochent de n'opérer qu'un contrôle aléatoire des pratiques de ses adhérents et condamnent la reconnaissance accordée à des certifications non européennes écologiquement et socialement très critiquables. Ainsi, les forêts centenaires de Tasmanie brûlées au napalm et converties en plantations d'eucalyptus l'ont été avec l'aval du PEFC.

Ces dernières années, la volonté d'exemplarité écologique des entreprises et des États, le renouveau de la construction en bois et les nouvelles législations contre l'abattage illégal ont fait croître la demande en produits certifiés. Mais la conversion vers la labellisation exigeante comme FSC est un processus long et complexe. Bien que la superficie des forêts certifiées ait progressé de 8 % entre 2009 et 2010, l'offre reste insuffisante : au total, seulement 9 % des forêts dans le monde, soit 355 millions d'hectares, sont certifiées.

POUR SAUVER LA FORÊT, ACHETEZ-LA !

— Des particuliers achètent des terres pour les protéger, ce qui n'est pas sans poser de problème.

Séquoias géants, Californie, États-Unis. Pouvant mesurer près de 80 m de haut, les séquoias géants sont les arbres les plus volumineux au monde.

Sebastian Pinera a été élu président du Chili en 2010. Cinq ans plus tôt, cet homme très riche inaugurait le parc Tantauco, une étendue de 140 000 hectares sur l'île de Chiloé, dont il a financé l'acquisition. Ouvert au public et géré par une fondation privée, ce parc protège plusieurs écosystèmes menacés, dont celui des forêts australes du Chili.

Cette démarche n'est pas un cas isolé. Au Chili et en Argentine, un Américain fortuné, Douglas Tompkins, a fait l'acquisition de 1 million d'hectares sur une période d'une quinzaine d'années. Certains terrains fortement dégradés par l'exploitation forestière ou les activités pastorales ont été restaurés et cédés à l'État, à l'image du parc national Monte Leone en Argentine et plus récemment du parc national Corcovado au Chili.

Il s'agit en fait d'une tradition ancienne puisque, aux États-Unis, le parc national de Grand Teton est constitué en partie de terres achetées par le milliardaire John D. Rockefeller à la fin des années 1920 et offertes à l'État fédéral. Sous la pression des éleveurs et des chasseurs de la région, le gouvernement américain commença par refuser le don et ne l'accepta qu'en 1949.

Ce ne sont pas toujours les milliardaires qui achètent les terres. Diverses ONG recueillent les dons des particuliers, même les plus modestes, et gèrent l'achat de terres. C'est le cas du World Land Trust créé en 1989, dont le siège est au Royaume-Uni mais qui dispose d'un réseau international. Il a permis l'acquisition et la protection de millions d'hectares de milieux menacés.

Toutefois, cette pratique est parfois mal perçue. En effet, certains considèrent comme une atteinte à la souveraineté nationale le fait que des individus fortunés ou des fondations privées accaparent des parties parfois conséquentes du pays. À ceci s'ajoute une dimension sociale quand les populations locales sont pauvres et peinent à obtenir pour elles-mêmes des terres. D'autant plus qu'il y a parfois des doutes sur les motivations de ces achats, certains ayant pour seule vocation la spéculation ou l'investissement.

LA SOCIÉTÉ CIVILE SE MOBILISE

— Des milliers d'ONG à travers le monde sont mobilisées pour lutter activement contre la déforestation ou préserver les espaces forestiers.

Éléphants de forêt, parc national de Nouabalé Ndoki, République centrafricaine. Plus petit que son cousin des savanes, l'éléphant de forêt *(Loxodonta cyclotis)* est également moins connu. Ce n'est qu'en 2001 que des études génétiques ont établi qu'il s'agissait d'une espèce distincte.

En mai 2010, au Canada, neuf grandes organisations de défense de l'environnement, dont Greenpeace et la fondation canadienne David Suzuki, ont conclu un accord historique avec vingt et un grands groupes industriels du bois qui se sont engagés à ne plus exploiter près de 29 millions d'hectares de forêts boréales toujours intactes.

Des actions de cette envergure et d'autres plus modestes ne manquent pas, mises en œuvre par des milliers d'ONG mobilisées à travers le monde pour protéger les forêts. Leur champ d'action est large : accompagnement opérationnel, mobilisation, sensibilisation, éducation, restauration et protection des milieux...

À l'échelle internationale, le WWF, par exemple, organise régulièrement des opérations de sensibilisation visant à inciter le grand public à adopter des comportements plus responsables : préférer les objets en bois certifié ou les produits agricoles sans soja, réduire sa consommation de papier... L'organisation accompagne aussi les entreprises dans l'amélioration de leurs pratiques, de leurs produits et services. Par exemple, elle les invite à acheter et à commercialiser des produits à base de bois venant de forêts gérées durablement.

D'autres organisations encore optent pour des actions visant à pallier la déforestation. En 2006, le Programme des Nations unies pour l'environnement (PNUE) a lancé un ambitieux programme international Plantons pour la planète : la campagne pour un milliard d'arbres. Pari réussi puisque, fin 2010, 10 milliards d'arbres ont été plantés à travers le monde. Rien qu'au Kenya, le Green Belt Movement a mis en œuvre la plantation de 45 millions d'arbres.

Certaines associations de défense du droit à l'environnement et des droits de l'homme, comme Global Witness, Earth Justice ou Sherpa, amènent, quant à elles, devant les tribunaux des entreprises qui, par exemple, exploitent le bois illégalement au Brésil, en Indonésie ou sur le continent africain.

10.6

milliards d'arbres ont été plantés dans le cadre de la campagne Plantons pour la planète du PNUE.

À LA FIN 2010, **LES PROMESSES DE PLANTATION** DÉPASSAIENT MÊME LES 12 MILLIARDS D'ARBRES. OUVERTE À TOUTES LES SPHÈRES DE LA SOCIÉTÉ, PRÉSENTE **DANS 170 PAYS,** CETTE CAMPAGNE MONTRE L'ÉNERGIE QUE PEUT LIBÉRER UN ENGAGEMENT COLLECTIF.

7 %

de la superficie forestière totale correspond à des plantations.

LES FORÊTS PLANTÉES OCCUPENT **264 MILLIONS D'HECTARES,** UNE SURFACE **EN AUGMENTATION** DE 5 MILLIONS PAR AN, ESSENTIELLEMENT À CAUSE DU **BOISEMENT,** C'EST-À-DIRE À LA PLANTATION D'ARBRES SUR DES ZONES QUI N'AVAIENT PAS ÉTÉ BOISÉES RÉCEMMENT.

[Carte page de droite]
Les forêts certifiées couvrent aujourd'hui 9 % du couvert forestier mondial, soit près de 355 millions d'hectares, ce qui est encore très peu. La majorité d'entre elles se situe dans l'hémisphère Nord. Avec 56 % des forêts certifiées mondiales, l'Amérique du Nord est le continent qui en compte le plus, suivi par l'Europe (34 %). Toutefois, de plus en plus d'industriels s'engagent dans une démarche de certification. Entre 2009 et 2010, la superficie des forêts certifiées a progressé de 8 %.

PART DES FORÊTS CERTIFIÉES PAR PAYS

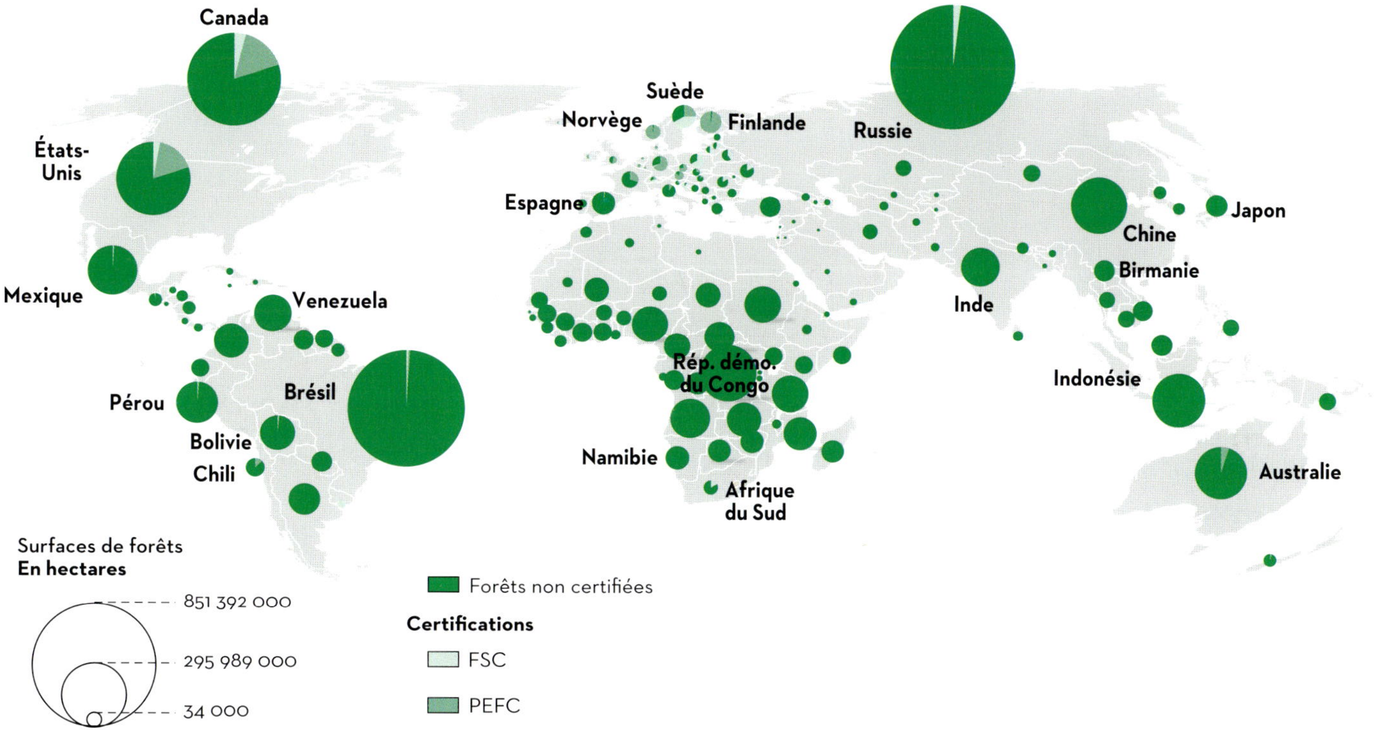

80 %

des forêts du monde
sont propriété publique.

LA PROPORTION VARIE FORTEMENT SELON LES PAYS. LES FORÊTS PEUVENT AINSI ÊTRE **MAJORITAIREMENT PRIVÉES,** COMME AUX **ÉTATS-UNIS (55 %)** OU EN **FRANCE (75 %).** ENTRE 1990 ET 2005, 113 MILLIONS D'HECTARES DE FORÊTS SONT PASSÉS DU PUBLIC AU PRIVÉ.

13 %

des forêts du monde
sont protégées.

SOIT **460 MILLIONS D'HECTARES,** UNE SUPERFICIE QUI A AUGMENTÉ DE PLUS DE 95 MILLIONS DEPUIS 1990. LES TROIS PAYS QUI EN ONT LE PLUS SONT LES **ÉTATS-UNIS** (75 MILLIONS), LE BRÉSIL (47 MILLIONS) ET LA **RÉPUBLIQUE DÉMOCRATIQUE DU CONGO** (26 MILLIONS).

[Carte page de droite]
Le degré de protection des forêts ne dépend ni du niveau de développement du pays, ni même de son couvert forestier. Ainsi, l'Espagne protège autant ses forêts que l'Inde, tandis que, dans les grands bassins forestiers d'Amazonie et du Congo, le Brésil et la République démocratique du Congo protègent moins leurs forêts que le Cambodge. Par ailleurs, dans certaines zones particulièrement vulnérables, des mécanismes de conservation ont été mis en place pour améliorer le niveau de protection. C'est le cas en Amérique centrale où huit États se sont regroupés afin de constituer un important corridor écologique, c'est-à-dire une zone de transit entre différents écosystèmes, de telle sorte que les efforts des uns ne soient pas anéantis par l'inaction des autres.

PART DES FORÊTS PROTÉGÉES PAR PAYS

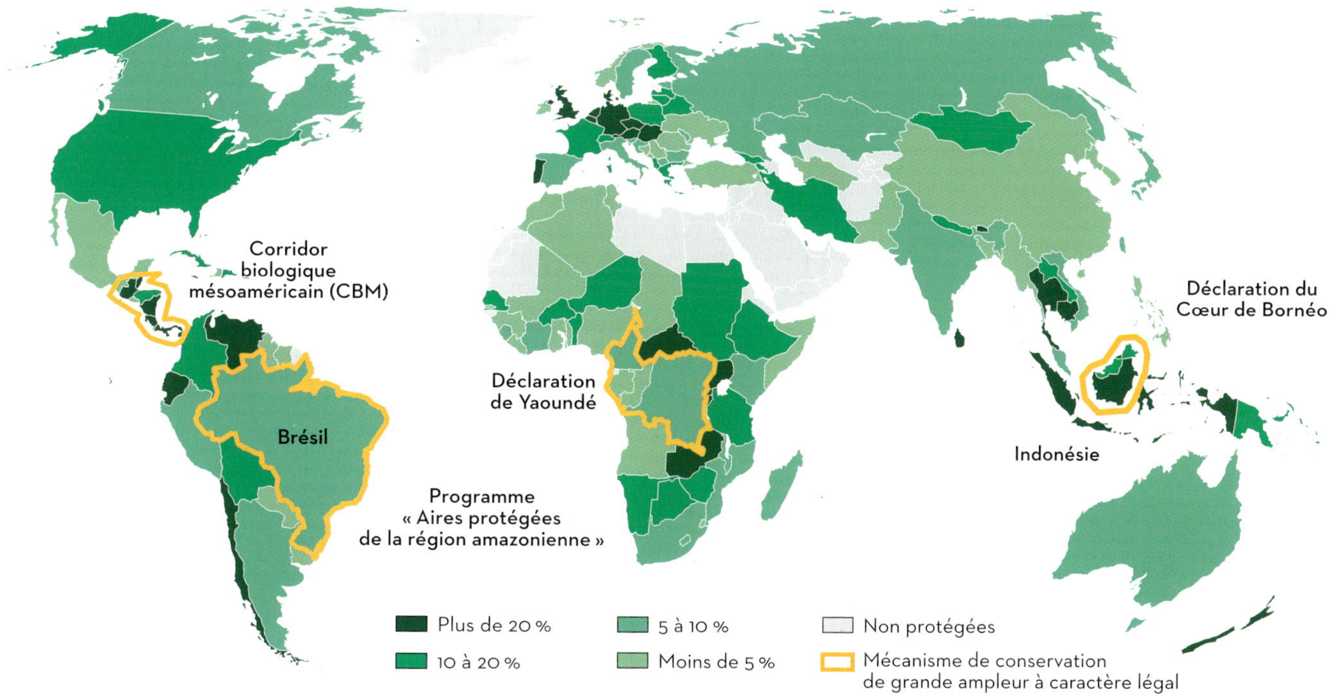

INDEX

Les intitulés et chiffres en **gras** renvoient aux sujets developpés sur une page entière.

A

B

C

D

E

F

G – H

S

T

U – V

W – Y– Z

CRÉDITS PHOTOGRAPHIQUES

p. 10 – Yann Arthus-Bertrand/Altitude
p. 15 – Juan Carlos Muñoz/AGE Fotostock
p. 17 – Art Wolfe/J.H. Editorial
p. 19 – Mark Moffet/Minden Pictures/J.H.Editorial
p. 21 – Vincent Munier
p. 23 – Christian Le Gac
p. 25 – Frans Lanting/J.H. Editorial
p. 27 – Pascal Kobeh
p. 29 – Olivier Grunewald
p. 31 – Thomas Lazar/EBphoto/Naturepl.fr
p. 33 – Marc Dozier/hemis.fr
p. 35 – Laurent Poyt/GAMMA
p. 40 – Yann Arthus-Bertrand/Altitude
p. 45 – Cyril Ruoso/J.H.Editorial
p. 47 – Pierre de Vallombreuse
p. 49 – Yann Arthus-Bertrand/Altitude
p. 51 – Colin Monteath/AGE Fotostock
p. 53 – Art Wolfe/J.H. Editorial
p. 55 – Alamy/hemis.fr
p. 57 – Frans Lanting/J.H. Editorial
p. 59 – Michael et Patricia Fogden/Corbis
p. 61 – Michael Pitts/EBphoto/Naturepl.fr
p. 63 – Art Wolfe/J.H. Editorial
p. 65 – Jean-Claude Teyssier
p. 70 – Yann Arthus-Bertrand/Altitude
p. 75 – Eric Valli
p. 77 – Vincent Montiers
p. 79 – Frans Lanting/J.H. Editorial
p. 81 – Portali/RAPHO
p. 83 – Frans Lanting/J.H. Editorial
p. 85 – Hans Silvester
p. 87 – Xavier Desmier
p. 89 – Dietmar Nill/EBphoto/Naturepl.fr
p. 91 – Tiziana et Gianni Baldizzone/www.baldizzone.com
p. 96 – Mark Moffet/Minden Pictures/J.H. Editorial
p. 101 – Yann Arthus-Bertrand/Altitude
p. 103 – Ludovic Le Couster/Picturetank
p. 105 – Michel Bureau
p. 107 – Bence Mate/BIOSPHOTO
p. 109 – Jurgen Freund/EBphoto/Naturepl.fr
p. 111 – Frans Lanting/J.H. Editorial
p. 113 – Yann Arthus-Bertrand/Altitude
p. 115 – Xavier Desmier
p. 117 – Jason Lee/Reuters
p. 122– Hans Silvester
p. 127 – Frans Lanting/J.H. Editorial
p. 129 – Yann Arthus-Bertrand/Altitude
p. 131 – Natalia Kolesnikova/AFP
p. 133 – Yann Arthus-Bertrand/Altitude
p. 135 – Yann Arthus-Bertrand/Altitude
p. 137 – Cyril Ruoso/J.H.Editorial
p. 139 – Jean-Claude Teyssier
p. 141 – Olivier Grunewald
p. 143 – Vincent Munier
p. 145 – Georges Merillon/GAMMA
p. 147 – Brent Stirton/GETTY Images
p. 149 – Eva Ferrero
p. 154 – Yann Arthus-Bertrand/Altitude
p. 159 – Cyril Ruoso/J.H.Editorial
p. 161 – Yann Arthus-Bertrand/Altitude
p. 163 – Piotr Naskrecki/J.H.Editorial
p. 165 – Tim Laman/J.H.Editorial
p. 167 – Tony Arruza/CORBIS
p. 169 – Yann Arthus-Bertrand/Altitude
p. 171 – Louis Marie Préau
p. 173 – Yann Arthus-Bertrand/Altitude
p. 175 – Olivier Grunewald
p. 177 – Floris van Breugel/EBphoto/Naturepl.fr
p. 179 – Michael Nichols/NGS

Ce livre a été réalisé par la fondation GoodPlanet, créée en 2005 par Yann Arthus-Bertrand. Reconnue d'utilité publique en juin 2009, la fondation a pour objectif de « mettre l'écologie au cœur des consciences ».

GoodPlanet.org

La rédaction de la fondation édite un site d'information : www.goodplanet.info. Lancé en avril 2009, il fournit en continu, en français et en anglais, une information complète et objective sur tous les grands enjeux environnementaux.

GoodPlanet.info

Goodplanet.info est un site riche de plus de 3 000 pages, dont plus de 300 tribunes d'experts internationaux (Joseph Stiglitz, Michel Rocard, Achim Steiner, Naomi Klein, Jimmy Carter, Vandana Shiva...), plus de 300 vidéos et plus de 200 bonnes pratiques dont chacun peut s'inspirer. Une interface interactive de visualisation des données statistiques internationales en 2D et 3D est également disponible.

L'équipe propose une newsletter quotidienne qui résume chaque matin l'information écologique de la planète en quelques lignes. Chaque semaine, elle diffuse également un magazine électronique.

Le site www.goodplanet.info est soutenu depuis son lancement par BNP Paribas.

BNP PARIBAS

Ce livre est publié à l'occasion de l'Année internationale des forêts. L'Assemblée générale des Nations unies a en effet décidé que 2011 serait l'Année internationale des forêts, afin d'attirer l'attention sur la gestion durable, la conservation et le développement durable de tous les types de forêts.

Ce livre a été réalisé avec le soutien du Programme des Nations unies pour l'environnement (PNUE). En particulier, les graphiques sont inspirés de ceux publiés dans la brochure *Vital Forest Graphics* (www.unep.org/vitalforest), ainsi que dans le *World Mangrove Atlas*, avec l'aimable autorisation du PNUE. Les textes d'ouverture des chapitres ont été écrits par les ambassadeurs de bonne volonté du PNUE ou des personnalités associées au PNUE. Enfin, le PNUE a fait part de ses conseils pour la rédaction des textes.

Le Fonds pour l'environnement mondial est aujourd'hui la principale source publique de financement des projets d'amélioration de l'état environnemental de la planète. Il a accordé des aides à hauteur de 9 milliards de dollars sur ses fonds propres et mobilisé plus de 40 milliards de dollars de cofinancement à l'appui de plus de 2 700 projets dans plus de 165 pays. De plus, le FEM a constitué une enveloppe financière distincte de 250 millions de dollars et 750 millions de dollars de cofinancement à l'appui de la GDF/REDD+.

Les ressources naturelles ne sont pas infinies. SUEZ ENVIRONNEMENT, un leader mondial de la gestion de l'eau et des déchets, s'engage au quotidien à relever le défi de la protection des ressources en apportant des solutions innovantes à des millions de personnes et aux industries.

DANS LA MÊME COLLECTION

Ce livre est imprimé sur Satimat Green 170 g/m², papier couché 60 % fibres recyclées - 40 % fibres vierges FSC. Satimat est un produit et une marque enregistrée du groupe Arjowiggings.
Grâce à sa teneur élevé en fibres recyclées, ce papier écoconçu a, lors de sa fabrication, un impact réduit sur les ressources naturelles.

Achevé d'imprimer en janvier 2011
sur les presses de l'imprimerie Kapp Graphic à Évreux
Photogravure : Quadrilaser
ISBN : 978-2-7324-4515-1
Dépôt légal : février 2011
Imprimé en France